中国法学会优秀课题成果文库
ZHONGGUO FAXUEHUI YOUXIU KETI CHENGGUO WENKU

张　悦◎著

网络庭审直播问题研究

WANGLUO TINGSHEN ZHIBO WENTI YANJIU

本书是中国法学会2014年度部级法学研究青年项目“网络直播庭审问题研究”[课题编号CLS（2014）Y08，主持人张悦讲师]的主要成果，课题鉴定等级为优秀。

中国法制出版社
CHINA LEGAL PUBLISHING HOUSE

中国法学会优秀课题成果文库

出版说明

为了全面推进课题研究成果的应用转化，繁荣法学研究，服务法治实践，推进法治中国建设，中国法学会特设立“中国法学会优秀课题成果文库”，集中推出反映当前我国法学研究前沿水平，具有重大理论价值、重大学术价值、重大应用价值的学术精品，充分发挥优秀成果和优秀人才的示范引领作用。凡入选成果文库的作品，均为中国法学会年度招标课题或委托课题中鉴定等级原则上为“优秀”，选题价值较大，创新性强，对重要领域或重要问题有较为系统深入的研究，具有较高学术价值或应用价值，文风严谨，符合学术规范和出版形式要求。从2016年开始，每年从当年结项的课题成果中精选出符合上述条件的作品，纳入“中国法学会优秀课题成果文库”，予以出版。

中国法学会

2016年12月

前言

庭审直播是指通过电视、互联网或者其他公共传媒系统对法院公开开庭审理案件的过程进行图文、音频、视频的播放。庭审直播主要有广播、电视直播、网络图文直播和网络视频直播等形式。由于理念的不同，庭审直播一直是一个饱受争议的问题。2013 年 8 月 22 日至 26 日，济南市中院对“薄熙来案”进行了审理，该院通过 170 多条微博，发表了近 16 万字，对庭审进行了“网络直播”，吸引了数亿名观众。通过“网络自媒介——微博”进行庭审直播并不是第一次出现在我国，但是引起如此大的社会反响却是第一次。网络庭审直播是我国审判公开的重要的现代化形式，它把我国审判公开推向了一个新的高度。但是，网络庭审直播是一把“双刃剑”，我们需明确其利弊，对其进行规范。

我国大陆对“直播庭审问题”的研究，随着直播方式的转变而大致掀起了三次高潮。第一次为 1998 年至 2000 年，随着电视直播庭审的产生，研究主要围绕着“公众传媒的介入能否影响司法独立性”展开，代表性案件为“綦江虹桥案”；第二次为 2009 年至 2011 年，随着网络直播庭审而产生，直播庭审突破了时间和地域的限制，研究主要围绕“庭审直播案件的范围”展开，代表性事件为全国首家以案件庭审直播为主要内容的“北京法院直播网”的正式开通；第三次为2013年至今，随着微博等自媒介的普遍化，网络直播形式也发生了重大的变化，研究主要围绕着“网络直播庭审的利弊”展开，代表性案件为“薄熙来案”。

在国际准则中，庭审中的录音录像并不是一项基本的要求。在庭审过程中，是否允许录音录像和直播，许多国家经历了由禁止到开放的过程。例如，美国对庭审直播的收与放，经历了反反复复的曲折历程。在法庭上对各种媒介的使用，美国人总是走在前面：1925年，第一个收音机直播案件；1953年，第一个电视录播案件；1955年，第一个电视“现场直播”案件；2007年，第一个使用“推特”（Twitter）的网络庭审直播案件；2009年，美国地方法院法官托马斯·马丁给记者西尔维斯特发出了在审理过程中发布推特实时更新的许可令，标志着记者在法庭上使用微博直播庭审获得了美国地方法院的认可。现在的美国，记者可以经许可或者默许使用微博对庭审进行直播。又如，2009年10月1日，英国最高法院成立，该院成立伊始就向社会宣布，为了让公众了解本国司法体制，理解大法官在法治社会中的关键作用，促进法律职业的发展，将允许电视、广播对庭审过程进行直播，完全打开了庭审直播的大门。再如，在法国，对于是否允许电视录播法庭审判同样经历了富有争议的过程。1958年法国《刑事诉讼法》明确禁止对庭审活动进行录像。但是，立法界和理论界对该条规定一直争论不休。这一争论后来因1985年7月11日旨在设立视听档案的法律而宣告终结。其规定的一般原则是，在庭审辩论过程中，不允许使用电视，但上诉法庭第一院长在听取视听档案委员会的意见后，可以批准在庭审辩论中使用电视直播。

近年来，为贯彻中央关于进一步深化司法体制改革的总体部署，推进阳光司法，深化司法公开，最高人民法院陆续建立、完善了审判流程公开、裁判文书公开、执行信息公开三大网络平台并提出了要积极创新庭审公开方式，以视频、音频、图文、微博等方式及时公开庭审过程，对庭审活动全程进行同步录音录像。

本书就是在上述背景下针对现阶段我国审判公开的重要方式——庭审直播，特别是网络庭审直播进行的调查研究，通过对庭审直播的基本理论、域外制度比较、我国庭审直播的发展演进和网络庭审直播的兴起、我国现行制度存在的问题等进行考察研究，进而提出完善我国庭审直播制度的具体建议。

目　录
Contents

第一章 庭审直播制度的基本理论

本章从庭审直播的概念和类型、制度功能、法理分析以及网络庭审直播的特点和优势几个方面系统地论述了庭审直播制度的基本理论体系：明确地提出了广义庭审直播和狭义庭审直播的概念范围，确定了狭义庭审直播即法院庭审直播为主要研究对象；提出了庭审直播在司法公开、司法监督、司法教育以及提升司法公正感和提高司法公信力四个方面的重要制度功能；强调了依据公民对司法的知情权理论和对司法的监督权理论，庭审直播制度的产生和推行具有法理上的正当性。网络庭审直播是利用网络新媒体作为传播媒介对庭审进行直播的制度，随着我国经济社会不断发展，人民群众对公共事务日益关切，对司法工作也有了更多新要求和新期待。本章对这种“互联网＋庭审”的网络庭审直播形式的类型、特点和优势、人们对其的质疑等进行了论述。

第一节 庭审直播的概念和类型

一、庭审直播的概念

庭审直播是指通过电视、互联网或者其他公共传媒系统对法院公开开庭审理案件的过程进行图文、音频、视频的播放。庭审直播是司法公开的需求与现代科学技术相结合的产物，其区别于传统旁听审判，是审判公开原则在当今时代的重要表现形式。对于庭审直播中的“直播”，应在其字面意思上作扩张解释，这里的直播不仅指广播电视节目的后期合成、播出同时进行的播出方式，还泛指录播、编播等。

根据直播的主体，可以把庭审直播分为广义的庭审直播和狭义的庭审直播。广义的庭审直播是指法院或经法庭允许的媒体在法庭审判的同时通过广播、电视或网络等途径对庭审过程进行的直播；狭义的庭审直播仅指法院自身通过各种途径对庭审过程进行的直播。本章所指的庭审直播主要为狭义上的法院的庭审直播。

二、庭审直播的类型

（一）法院的庭审直播和媒体的庭审直播

根据直播的主体不同，可以把庭审直播分为法院的庭审直播和媒体的庭审直播。

1. 法院的庭审直播

法院的庭审直播是指法院通过自身的网络平台和自媒体以图文、音频、视频的形式向社会公众公开本法院或本法院的下级法院的庭审过程。其形式主要表现为网络庭审直播。

法院的网络平台一般指法院的官方网站，在我国一般包括各法院自身的网站和法院网、司法公开网以及庭审直播网。通过法院的网络平台对庭审进行直播是我国及世界上多数国家落实审判公开的重要方式。随着网络科技的普及和发展，自媒体时代悄然到来，法院的自媒体正发挥着愈来愈重要的作用。法院的自媒体主要包括以法院的名义创建的博客、微博、微信和网络社区论坛等。法院通过自媒体对庭审过程进行直播已经得到英国、美国等国家的认可，在我国有很多法院也对通过微博、微信进行庭审直播进行了有益的探索，收到了很好的效果，如济南市中级人民法院 2013 年对“薄熙来案”进行微博直播，吸引了数亿名网友的关注，使司法公开获得了更广阔的空间，获得了很好的社会效果。

2. 媒体的庭审直播

媒体的庭审直播是指媒体在经过法庭许可的情况下，利用自己的设备和传播途径，对案件庭审过程以图文、音频、视频的方式向社会公众进行的直播，主要表现为电视台及广播电台对案件的视频和音频直播或报道，或者报纸杂志等媒体的图文报道。

庭审直播作为审判公开的形式最先起源于媒体，对庭审现场的报道和直播一直是媒体的喜好。在美国，广播电台对审判进行现场直播可以追溯到1925年发生在田纳西州戴顿市的一起有关进化论课程是否合法的案件。[①] 与法院的庭审直播相比，媒体的庭审直播是一种被动直播，具有较强的监督、评价和教育作用。例如，我国中央电视台社会与法频道的《庭审现场》节目，自开播以来受到广泛好评，其对于法制的宣传和普法教育就起到了很好的作用。然而，在整个社会系统中，媒体与法院分属于不同的子系统，它们有着不同的属性和特征，担负着不同的社会使命，承担着不同的社会功能，实现着不同的社会价值。媒体由于其自身的特性，对于司法的报道较难做到客观公正，近年来“舆论绑架审判”的案件并不少见，如著名的“药家鑫案”。故规范媒体对庭审的直播和报道是一个重要问题。

（二）网络庭审直播、电视庭审直播和其他形式的庭审直播

根据庭审直播所依附的媒介的不同，可以将庭审直播分为网络庭审直播、电视庭审直播和其他形式的庭审直播。

1. 网络庭审直播

网络庭审直播是指直播主体利用互联网对庭审过程进行的传播。网络庭审直播是伴随着互联网的发展而出现的新的庭审直播形式，我国第一次

---

① 陈盛清著:《外国法制史》，北京大学出版社1982年版。

网络庭审直播发生于 2004 年 8 月 2 日，北京市朝阳区人民法院开通了全国首个网上庭审直播系统，随即对一起民事案件进行了网络直播，由此拉开了我国网络庭审直播发展的序幕。①

网络庭审直播的形式包括网站视频、图文的直播、录播，微博的短视频、短图文的即时播放和事后播放，微信公众号的图文直播，网上扫码手机直播，法院手机电视 APP，等等。其中网站视频、图文的直播、录播是我国法院庭审直播的一般形式，微博的短视频、短图文的即时播放是我国法院庭审直播的新兴形式。

2. 电视庭审直播

电视庭审直播是指利用电视这一传播媒介对庭审进行的直播、录播、编播。电视庭审直播的优势在于受众面广，播放效果清晰流畅，经过电视台的专业编辑后播出的庭审更加生动和具有故事性。其形式一般包括演播室主持人串联、短片背景介绍、专家同步点评。另外，电视庭审直播多为深度直播。所谓深度直播就是对直播的案件进行法律和社会方面的深度解读的直播形式，其对法制宣传和教育具有重要的意义。

我国的电视庭审直播兴起于 20 世纪 90 年代，各地电视台纷纷开办“庭审直播”“庭审现场”等节目，广州电视台与广州市中级人民法院合办的“庭审直击”电视实况节目就是那一时期的代表。其 1996 年 2 月 14 日直播的“番禺劫钞大案”曾创造了直播 10 小时内珠三角地区万人空巷的效果。② 由此可见电视庭审直播在那时的影响力。可是，电视直播也有很

①《庭审首次网上直播》，载《京华时报》2004 年 8 月 3 日，第 A07 版。

② 甘正培:《广州现场直播庭审》，载《政府法制》1996 年第 5 期。

大的劣势，如播放终端的不可移动性、播放时间的固定性、不可重复观看性以及信息的局限性等。随着网络的发展和普及，电视庭审直播的上述缺点日益显露，2000 年以后电视庭审直播节目逐渐没落，网络直播以其播放终端的可移动性、便携性以及播放时间的灵活性等优势逐渐取代电视直播而成为主要的庭审直播形式。

3. 其他形式的庭审直播

除了网络和电视的直播形式外，还存在电台直播庭审、法院大屏幕直播庭审等。电台直播庭审在我国不常见，著名的直播案例大多出现在美国的电视还未普及的时代，但随着科技和社会的发展，这种庭审直播方式已经逐渐消失。

法院大屏幕直播庭审是指在法院的门口放置一块大的 LED 显示屏来实况转播法庭审判的庭审直播方式。法院大屏幕直播庭审是我国法院积极践行司法公开、审判公开的有益探索，虽然没有在全国范围普遍推行，但收获了试行地区群众的良好口碑。但是，大屏幕直播庭审的方式有其明显的弊端，即播放受众的有限性，不能使更多的公民通过观摩庭审受到法制教育以及对司法过程进行监督。因此，大屏幕直播庭审的方法并没有像网络庭审直播一样在全国广泛地得到推广应用。

第二节　庭审直播的制度功能

一、司法公开的重要表现形式

司法公开是近年来最高人民法院在各种文件及工作报告中经常提及的词，也是我国司法改革的重要内容。党的十八大和十八届三中全会强调推进权力运行公开化、规范化，并明确提出推进审判公开、推动公开法院生效裁判文书、确保权力在阳光下运行等要求。习近平总书记曾强调，“要坚持以公开促公正、以透明保廉洁，增强主动公开、主动接受监督的意识，让暗箱操作没有空间，让司法腐败无法藏身”。足可见司法公开对于推进依法治国的重要意义。

司法活动是以审判为中心的，审判公开是司法公开的核心内容。审判公开大致包括两方面的内容：一是庭审公开；二是裁判文书的公开。传统的庭审公开方式为法院在案件开庭前张贴开庭公告，希望了解案情的人在开庭时可以到庭旁听审判和宣判。但是，这种审判公开的方式受众面过窄，而且还会受到地域限制，人们不得不花很高的成本来满足了解案情的意愿。这就导致我国的审判公开长时间处于一种形式上公开的状态。

庭审直播制度的建立就是对以上问题的最好的解决方式之一。庭审直播是利用新媒体对庭审进行直播的制度，随着我国经济社会不断发展，人民群众对公共事务日益关切，对司法工作也有了更多新要求和新期待。同时，伴随信息技术的飞速发展，微博、微信等新媒体使信息的传播速度、扩散方式和受众数量迅速增加，资讯格局、话语模式和舆论环境都发生了深刻变化。随着我国司法公开平台的逐步完善，庭审直播特别是网络庭审直播已经成为我国司法公开的重要形式。

二、对司法公正及公正司法的重要监督

一个具体案件的庭审涵盖了司法的各个因素，从中既能看出法官对事实的判断是否公正、客观，对法律的适用是否正确，也能看出法官和当事人对审判程序是否尊重，其司法品行是否得当，等等。

司法，又称法的适用，通常是指国家司法机关及其司法人员依照法定职权和法定程序，具体运用法律处理案件的专门活动。公正司法是对司法行为的一种要求，而司法公正是司法机关适用法律所追求的最高价值和最终目标。我国的司法公正主要包括实体公正、程序公正和形象公正三个内容，三者是一个整体，缺一不可。①

然而，司法公正及其所包含的三个内容只是一种静态的概念和状态，如何去表现司法公正特别是审判公正，体现司法公正的价值呢？庭审直播制度就是一种最直接、最有效的表现和宣传司法公正的方法和手段。

美国著名法官夫兰特法特曾说过，“司法不仅实际上必须公正，并且在外观上也应该保持公正的形象”②。这种外观上的公正有两种形式，即审判程序的公正和法官形象上的公正。司法公正以及公正司法的外观需要通过司法公开去表现、通过司法公开去监督。这种监督即表现为司法暴露在

① 李修源著:《司法公正理念及其现代化》，人民法院出版社 2002 年版，第 113 页。

②［日］谷口安平著:《程序的正义与诉讼（增补本）》，王亚新、刘荣军译，中国政法大学出版社 2002 年版，第 93 页。

众目睽睽下对司法者的威慑，又表现为对个案审判过程和细节的具体监督。对庭审现场的直播，能够最直观和形象地展现司法公正，接受民众的监督。

西方法谚云：“正义不仅要实现，而且要以看得见的方式实现。”司法权的行使离不开强有力的监督。但仅仅靠立法、行政及司法三个职能机构相互制约和监督尚不足以保证公共权力的正确行使，司法权的行使需要引入一种更开放的监督机制，而媒体的介入正是对这种要求的积极回应。事实上，媒体监督以及由此引发的公众监督不仅是对司法机关的监督，也是对弱者的支持，是防止公权力行使者滥用权力的强有力武器。而在媒体向公众提供信息的众多手段当中，最全面、最直观的便是实况直播。通过对庭审现场的直播，公众可以通过屏幕直观、清晰地看到举证、质证、认证、辩论、陈述、判决等庭审活动的各个环节，从而可以让最广大的社会公众参与到旁听的过程中来，将庭审置于公众视野之下，把暗箱操作的可能性降到最低，使审判活动不得不庄重、严谨，从而实现“看得见的正义”。

三、对公民进行法制教育的重要方法

法制社会的建设、和谐社会的建设都离不开公民法制素养的提升。加强公民的权利意识，既包括加强公民的实体权利保护意识，也包括加强公民的诉讼权利保护意识。提高司法公信力的关键问题在于让公民尊重和信任司法，而前提是让公民了解和接近司法。

我国对公民法制教育的方法较为传统，主要有三种：一是学校教育，表现为初中、高中的思想政治教育课程中涉及法律常识的部分；二是大学的法律基础课程；三是各种普法宣传。以上三种法制教育方法均缺乏针对性，公民想要在日益复杂和发展的社会中更好地维护自己的合法权益，不仅要明晰自己拥有的实体权利，也要清楚在权利受到侵害时的救济体系，在请求公权力救济时要明晰我国的司法运行体系以及个案解决的程序。

庭审直播制度可以在较短的时间内、花费较少的成本解决上述问题，公民可以方便快速地在网络上找到自己关心的法院、关心的案件类型进行观看、学习，通过观看庭审直播了解庭审过程、明晰实体权利和程序权利，进而对自己的纠纷进行预估，理性诉讼。更重要的是它能弘扬一种论证说理、平等公开以及合理裁判的社会理性。庭审直播还会引起公众对于某些法律问题的兴趣与讨论，达到很好的普法教育的效果。同时，庭审直播还会对犯罪产生一种威慑力，从而促进公民法治意识与权利观念的提升。

四、提升司法公正感、提高司法公信力

司法是否公正是一种评价，本质上就是主观的，因此是否公正随着评价者的不同可能会出现差异。以法官为主的司法人员是司法公正的主体，个案当事人及其代理律师以及其他诉讼参与人是司法公正的承受者，即对象。另外，依据审判公开原则，除了当事人及诉讼参加人以外，一般社会大众也是司法公正的承受对象。在自媒体高度发达的今天，个案公正与否不仅仅影响个案的当事人本身，网络媒介的无限传播功能还会影响到社会上不特定多数人的司法公正感，进而影响到其对司法的信任。综上，无论是司法公正的主体还是司法公正的对象都能够成为司法公正的评价者，都能够在司法的过程和结果中获得“公正感”。

庭审是案件审理的核心环节。优秀的庭审应具有如下功能：一是清晰地呈现案件的是非曲直，准确认定案件事实，正确适用法律，为得出公正裁判打好基础；二是让当事人充分陈述观点和意见，增强当事人对裁判结果的接受程度；三是让当事人全面地了解案件事实和法律规定，对裁判结果形成基本预期，从而促进调解或和解；四是将法官认定事实和适用法律的过程公开，最大限度地减少“暗箱操作”，预防司法腐败；五是法官公正、中立、文明的形象，有助于树立法治信仰，提升司法权威。

庭审直播制度能够将上述庭审的功能最大限度地发挥出来，通过对庭审直播的观摩形成对司法公正的主观感受，积极正面地促进公民对法治和司法的认识，拉近公民与司法的距离，提升司法公正感，提高司法公信力。

五、对我国审判方式改革产生积极影响

（一）促进庭审的规范化，实现正当程序

司法不公的出现，究其根源往往不在于司法人员的司法能力，而在于他们通过扭曲程序而制造实体的司法不公。很多案件，由于参与庭审的只是诉讼参与人，甚至没有旁听人，法官常常将庭审程序随意简化与变更，导致庭审程序非常不规范，极大地损害了司法权威和当事人的正当权益。实际上，正当程序不仅对实现实体公正具有重要意义，而且正当程序本身亦具有独立的价值。庭审直播不仅要向公众播报案件的实际情况，而且要向公众展示审理案件的程序。庭审直播的实时性和公开性必然要求法官严格遵循正当程序，消除随意简化、变更程序的现象，从而促进庭审的规范

化，有力地保障并实现当事人的利益，维护司法权威。

（二）促进审判效率的提高

将审判置于摄像机镜头前，可以促使庭审更加紧凑，当事人围绕争议点进行诉讼活动，避免无谓的拖延，从而带来效率的提高。庭审直播促进审判效率提高的另一个表现在于促进当庭宣判率的提高，这表现在将庭审置于直播之中，直播的压力从一定程度上会促使法官在庭审时集中精力，缜密思维，加快判决速度。

（三）促进控、辩、审三方素质的提高

从法官的角度来看，庭审在促进公正审判、正确适用程序等方面无疑具有积极的作用。从公诉人的角度来看，我国的审判实践中长期存在着公诉人自恃代表国家，从而不尊重被告人及其辩护律师，甚至藐视法庭的问题。而一旦将其置于摄像机镜头前，公诉人将不得不考虑自己的形象。这样既可以促使其形成良好的出庭习惯，同时也可以对其他公诉人形成一个较好的示范作用。从辩护律师的角度来看，也存在不遵守法庭纪律的现象，特别是在法律援助案件中，由于没有丰厚的收入，有些律师出工不出力，从而使法律援助失去了实际意义。而一旦将庭审进行直播，律师将不得不考虑自己当庭辩护的表现对自己职业生涯的影响，从而在一定程度上促使律师积极辩护。

六、为法学专业教育提供了鲜活的样本

传统法学专业教育的弊病之一就是理论与实务脱节，庭审直播特别是

网络庭审直播为法学教育打开了一扇与实务零距离接触的窗户，使法学专业的学生能够看到真正的法庭现场，实时地感受庭审紧张严肃的气氛，真实地体会法学理论和法律规则是如何在实务中得以应用的，对未来所要从事的法律职业产生具象认识、坚定职业自信。

第三节　庭审直播的法理分析

一项制度的完善和作用的发挥程度，取决于其理论基础的深度和广度。因为，无论是对既有制度的改革，还是对新制度的创设，往往都要以其理论基础为出发点。就庭审直播制度或者说网络庭审直播制度建设而言，当前最缺乏也是最需要的就是对一系列基本理论问题进行分析，对一些过往的改革措施进行理性反思。如果没有经过缜密的理论分析和实证研究，那么有关庭审直播制度的建设和推进将很难展开，一切针对庭审直播的对策性研究将失去根基，任何围绕庭审直播的创新都将失去方向。因此，研究庭审直播问题，必须开拓和重视其理论基础的研究。本书以为，如果说人民主权是司法公开的宪法依据，信息公开及其制度建设是司法公开的现实需求和社会基础，那么知情权、表达权和监督权则是庭审直播的基本理论依据。这其中，知情权是基础，表达权是关键，监督权是根本。

一、司法知情权理论

随着社会的发展，信息逐渐变成一种重要的社会资源和生产力。于司法而言，公民如果不能充分地掌握司法信息，则即使有机会参与司法、监督司法，这种不知情下的参与和监督都是一种被动的、形式的。公民只有充分地享有司法知情权，才能真正地利用司法、参与司法和信任司法。庭审直播制度创设的基础就在于为公民提供一个实现司法知情权最便利的窗口和方法。

知情权（the right to know）是宪法赋予公民的基本权利。只有在公民充分享有知情权的情况下，民主精神才有生长的基本条件。司法公开乃当代诉讼法的一条基本原则，公民对司法活动的了解理所当然地成为“知情权”的范畴。公民司法知情权的行使，在很大程度上需要依赖媒体对庭审的报道；而在所有的报道形式中，庭审直播无疑是最客观的形式。

（一）知情权的内涵

知情权，一般是指对于国家的重要决策、政府的重要事务以及社会上发生的与普遍公民权利和利益密切相关的重大事件，公民有了解和知悉真相的权利。知情权发起于新闻出版自由权中的表达自由权，出自瑞典 1766 年制定的《新闻出版自由法》。进入 20 世纪后，知情权作为一个概念被提出，指民众享有通过新闻媒介了解政府工作情况的法定权利。第二次世界大战之后，由于战争对人权的践踏和血的教训，各国更加重视对人权的建设和保护，不断扩充基本人权的范围。其中知情权就是“二战”后被广泛认可的一项新型基本权利。许多国家都对知情权以法律的形式加以确认，知情权在国际公约中也得到了充分肯定。①

从宪法的角度看，知情权是由人民主权原则派生出来的，人民主权的核心思想是，人民是国家的最高主权者。政府是人民按照自己意志设立的、代表人民利益的国家权力主体，其受人民的委托管理国家和社会公共事务。因此，公民只有依法对政府活动享有知情权，才能更有效地监督和评价政府，使政府能够更好地对公共意志和利益负责。

知情权的主要内容之一就是知政权，知政权又可细化为立法知情权、司法知情权和行政知情权。确立知情权概念的意义在于可以以一种更加简明的形式表达社会公众强烈的权力观念和参政意识，从而使其成为当代民主法治建设的一个主题。

（二）知情权的法律保障与法律边界

现代社会已经进入信息化、数据化时代，人们需要不断用信息来充实自己的生活，依据信息做出重要的抉择。但是社会中绝大多数的公众信息由政府所掌握，为避免权力机关隐匿信息、妨碍公民对政府信息的获取与利用，保障公民知情权的实现，必须对知情权进行法律规制。

建立知情权制度意义重大。首先，知情权制度的建立是人民当家作主的需要。公民只有享有知情权，了解公共事务、获取政府信息，才能实现当家作主。其次，制定知情权的法律保障制度是保护公民自身利益的需要。知情权是公民保护自身利益的重要手段，它要求公权力机关及时公开

---

① 如《联合国人权宣言》第 19 条、《联合国公民与政治权利公约》第 19 条、《欧洲人权公约》第 10 条、《美洲人权公约》第 13 条等。

与公民利益相关的信息，使公民能够及时了解各种已经发生的和即将发生的信息，进而趋利避害地安排自己的生活，保护自己的权益。最后，对知情权进行法律规制有助于消除谣言、稳定社会秩序。越是实行秘密主义，越会产生谣言和误解，积极地进行信息公开、案件案情公开非但不会引起社会恐慌或不安，反而能够平息社会紧张情绪，遏制谣言。

任何权力都有边界，知情权也不例外。尽管知情权在整个权力体系中十分重要，但不意味着其不受限制。在知情权以外还存在着与知情权一样重要的利益需要法律的保护，如国家安全利益、个人隐私利益、商业秘密利益等，由此产生了公开与保密的冲突及知情权范围的问题。司法知情权涉及上述冲突和范围的问题尤为明显，如我国《民事诉讼法》在规定了审判公开原则的同时，也对涉及国家安全、个人隐私和商业秘密的案件公开进行了限制。

另外，隐私权作为一项重要的权利正逐渐被我国公民重视和主张，公民的司法知情权与隐私权之间的冲突也应被重视。我国在进行庭审直播时，大多没有采取手段对案件当事人、犯罪嫌疑人、证人的面容进行遮挡，也没有对上述人员的姓名及身份信息进行处理，这就导致了审判公开与个人隐私保护之间的冲突。要解决这一冲突就需要对司法知情权进行限制，对庭审直播进行制度化规制，对庭审直播的内容、方式和范围进行改革。

（三）我国知情权的确立和发展

我国《宪法》及相关法律法规中并没有“知情权”这一字面上的表述，更没有“司法知情权”的说法，但是我国《宪法》第 2 条、第 27 条和第41条分别规定了“中华人民共和国的一切权利属于人民，人民依照法律规定，通过各种途径和形式，管理国家事务，管理经济和文化事业，管理社会事务”，“一切国家机关和国家工作人员必须依靠人民的支持，经常保持同人民的密切联系，倾听人民的意见和建议，接受人民的监督”，“中华人民共和国公民对于任何国家机关和国家工作人员，有提出批评和建议的权利”。以上内容是知情权在我国宪法上的基本依据和体现。

虽然《宪法》中存在关于知情权内容、目的和原则的相关规定，但是从纸面上的规定到实践中的落实却经历了一个漫长而曲折的过程。我国现行《宪法》于1982年12月4日颁布施行，那时公众知晓政府信息只能通过报纸和广播电视的报道，信息量极为有限且无选择性、针对性。另外，我国国家机关尤其是行政机关缺乏自我公开的传统和意识，导致掌握了绝大部分信息的国家机关长期处于封闭的状态，公民的知情权无法很好地实现，而且缺乏监督的权力运行必定滋生腐败，影响政府公信力以及司法公信力。

为改变上述状况，落实政府信息公开，提高政府公信力，国务院于2008年5月1日颁布施行了《中华人民共和国政府信息公开条例》(以下简称《政府信息公开条例》)。《政府信息公开条例》是我国第一部国家层面的信息公开立法，开启了我国面向行政公开和公众参与的公共行政改革。从价值追求上看，政府信息依法必须公开将公民由行政过程的外在要素转变为内在要素，使公民有机会实现知情权并实质性地参与到重要的公共政策的制定过程，表达了行政民主化的核心内涵，反映了政府服务行政的属性，真正落实了《宪法》关于公民知情权的要求。

与行政知情权相比，司法知情权在我国的确立和发展要早得多。我国

1954年《宪法》就明确了审判公开原则，规定“人民法院审理案件，除法律规定的特别情况外，一律公开进行”，1982年《宪法》以及我国的民事、刑事、行政三大诉讼法都继承并重申了审判公开原则。最高人民法院更是通过一系列的司法解释和文件落实司法公开，如2009年《关于司法公开的六项规定》、2013年《关于推进司法公开三大平台建设的若干意见》等。通过这一系列举动，我国逐步实现了审判流程公开、裁判文书公开、执行信息公开，并依托法院网、司法公开网等审判机关的官方媒介建立司法公开平台，为公民实现司法知情权创造了可能。

二、公民对司法的监督权理论

司法公开以及庭审直播制度的创设是公民、社会和新闻媒体行使监督权的内在需求。正是公民、新闻媒体等拥有监督权，才会要求司法机关主动进行信息公开。公民、新闻媒体等对司法进行监督是司法公开及庭审直播制度的根本。

（一）监督权类型与内涵

监督权因行使权力（权利）的主体不同，可以分为国家监督和社会监督。国家监督又被称为权力型监督，是指不同权力机关之间形成的一种监督与被监督的关系，其核心是以权力制约权力。国家监督的特点是具有强制性并能产生法律效力，例如我国人民代表大会及其常务委员会对司法机关及行政机关的监督、检察院对于法院的监督、司法机关对于行政机关的监督等，这种监督权是国家权力的重要组成部分。与此相对，社会监督又称权利型监督，是指公民、社会及新闻媒体对国家机关权力的监督，其核心是遏制、阻止权力滥用。虽然国家权力来源于公民，但是公民的监督权不具有强制性也不具有法律效力，其想要实现对国家权力的制约，必须与国家权力的内部制约机制相结合。司法机关必须积极落实司法公开，对司法公开进行制度规范化改进，才有可能使公民实现其对于司法的监督。

自新中国成立以来，我国历部宪法对公民监督权的具体内容的规定不尽相同。1982 年《宪法》第 41 条明确规定了我国公民的监督权及其保障，监督权的内容包括批评、建议权，申诉、控告、检举权；对公民监督权的保障为，在受到国家机关或国家工作人员侵犯、遭受损失后有获得国家赔偿的权利。

（二）监督权对于司法公开的价值

监督权是司法公开的根本，这体现在三个方面。第一，保障司法权力的行使。公众以及社会媒体对司法权力运行的有序监督并不会妨碍权力的行使，反之能够保障它在制度框架内健康运行，实现公正司法的目标。权利对权力的监督能够对权力的行使者形成一种外部压力和教育，使其能够客观、快速地发现问题，及时改善和纠正内部和外部有损公民和社会利益的行为或结果。

第二，监督权的有效行使能够防止权力滥用。权力是一把双刃剑，它不仅代表着责任和义务，还代表着权势和地位。掌权者既可以利用权力造福百姓和社会，也可以滥用权力谋取私利。党的十八大以后揪出的“老虎、苍蝇”无一例外都是滥用手中的大权小权中饱私囊。这种滥用公权力的行为既损害了国家机关的权威，也造成了社会公共资源的浪费，进而侵害了社会公共利益。出现这种状况的一个重要原因就是公权力的行使长期缺乏来自社会和公众的有效监督，公民没有途径也不知如何对公权力进行监督。正因如此，我国司法机关积极建立司法公开平台，积极实现立案公开、审判公开、执行公开，建立司法公开网、庭审直播网，开通微博，等等，目的就是司法透明，接受公众的监督，提高司法公信力。

第三，监督权能够促进权力的廉洁。暗室为权力腐败提供了空间，而众目睽睽会吓退腐败的念头。公众对权力的监督是范围最广的监督，可以使权力行使的各个方面暴露在公众的监督之下，防止腐败的发生。国家的权力来自人民，国家机关和国家工作人员的权力是人民赋予的，所以必须接受人民的监督，向人民负责。监督权和知情权是相互实现、相伴而生的，当国家机关过分封锁消息，公民的知情权不能很好地实现时，公民的监督权也无从行使，这就为腐败创造了温床。反之，尊重公民的知情权，接受公民的监督，才能促进权力的廉洁。

（三）司法监督权的实现保障

任何权力的行使都必须有基本的保障，要保障公民司法监督权的行使就必须落实各项保障措施。公民对司法的监督，最重要的是要求司法公开。以往我国司法公开主要强调的是审判过程公开、审判结果公开，而现阶段的司法公开要求司法机关在不违反法律法规的情况下，对各个阶段都要公开，而且公开的范围不能仅针对特定的当事人，而是扩大到全社会，接受不特定多数人的监督。

公开的内容应包括：法院基本信息公开、立案公开、审判公开、审判员或合议庭人员信息公开、执行公开、裁判文书公开以及其他有必要公开接受公众监督的内容。对以上内容的公开，以及公开形式、公开范围、公开期限等都应设置相应的制度加以保障。只有在加以规制后才有可能形成常态，使公众对司法的监督权得以实现。

三、公民权利保障对司法公开的内在需求

依法保障公民的知情权、参与权、表达权和监督权，体现在法院代表国家行使审判权，就是要实现审判的民主化和科学化。审判的民主化和科学化体现在法律法规和司法解释上就是我国《宪法》、三大诉讼法、《法院组织法》、最高人民法院发布的《关于严格执行公开审判制度的若干规定》和《关于加强人民法院审判公开工作的若干意见》、国务院发布的《政府信息公开条例》所规定的审判公开、审务公开和司法政务公开制度。公开审判是我国的一项审判制度，我国现有的公开审判制度是在宪法中予以确认，由各部门法分别予以规范，再由司法机关确认具体规则的制度体系。

审判公开、审务公开和司法透明的关系是属种概念的关系，它们构成一个直径依次扩大的同心圆，审判公开在内，审务公开居中，司法透明位于最外围，司法透明包含审务公开，审务公开包含审判公开，其内涵、外延依次扩张的历史体现了司法文明和社会文明的进步。与内涵、外延依次扩张的历史一样，审务公开及司法透明也是一个动态发展过程，由低级向高级，由观念型、理念型到现实型、实践型逐步发展、过渡，表现为由间接公开到直接公开、由向当事人公开到向社会公开、由局部公开到全面公开、由被动公开到主动公开的发展过程。前述动态发展的过程，是一个由认识到实践、再认识、再到实践的过程，先是提出认识、理念，然后把理念形态的东西付诸实践，再总结经验教训，提高认识，提出新的理念，然后再付诸实践。从审判公开发展到审务公开、司法透明，从间接公开发展

到直接公开，从向当事人公开发展到向社会公开，从局部公开发展到全面公开，从被动公开发展到主动公开，是高效、公正、权威的社会主义司法制度和社会主义司法文明的价值、追求、目标和理想。

四、网络庭审直播是司法公开的现代化形式

在1998年时任最高人民法院院长肖扬强调“自觉接受舆论监督，将宪法和法律规定的审判公开制度落实到实处”后，无论是地方电视台，还是中央电视台，庭审直播节目陆续出现，并且取得了良好效果。2002年，最高人民法院与人民法院报社共同开通了中国法院网（www.chinacourt.org），对外发布审判信息，之后，该网站又开通了对重大案件审判的网上直播。由此可见，对于庭审直播的态度，正由最初的严格禁止走向逐步放开。那么，对庭审进行直播的法理依据何在呢？允许对庭审进行直播的法理依据是司法公开原则，换言之，庭审直播是司法公开原则的现代化形式。

司法公开的应有之义在于“审判机关和检察机关进行司法活动，应当以当事人和其他诉讼参与人以及社会公众看得见的方式进行，而不得秘密进行”，“没有公开则无所谓正义”。[①] 由此可见，确立和实行司法公开原则，对于实现司法公正具有举足轻重的意义。因而任何一个现代文明国家，无不将司法公开作为一项最基本的诉讼原则，甚至上升为一项宪法原则。我国1982年《宪法》第125条规定：“人民法院审理案件，除法律规定的特殊情况外，一律公开进行……”为贯彻这一规定，我国的三大诉讼

①[美] 伯尔曼著:《法律与宗教》，梁治平译，中国政法大学出版社2003年版。

法以及最高司法机关均对审判公开和检察公开作出了一系列的规定。最高人民法院与最高人民检察院分别制定了《关于严格执行公开审判制度的若干规定》和《关于在全国检察机关实行检务公开的决定》，旨在推进审判公开与检务公开。

但是，目前公民要了解司法机关的具体运作和决策过程仍是比较困难的。司法过程的封闭既违反了民主原则，危及司法权的合法性和正当性，同时也加剧了民众对司法机关的疑虑。有学者以“庭审直播不等于司法公开”“直播庭审并不能解决多少公开性的问题”为由对庭审直播的积极意义提出质疑。笔者认为这种观点有待商榷。因为公开审判绝不是限制人数的，电视直播庭审是将旁听席的空间无限扩大了，以“剧场化”的审判取得“广场化”的效应，是将旁听延伸到了千家万户。这就使公民无论是到法庭旁听，抑或观看直播，都会达到异曲同工的效果，也就是说，使司法公开以间接公开的形式达到直接公开的效果。因而，庭审直播是司法公开原则适应当今社会发展的现代化形式，其与司法公开在内涵上是一致的。正如“辛普森案”主审法官兰斯·依藤所说的：“如果你将摄像机排除在法庭外，那么你就在一定程度上向公众隐瞒了事实。”当然，我们也不应该简单地将庭审直播等同于司法公开。我们同时也应看到，庭审直播只是促进司法公开的一个手段，但绝不是唯一手段。

第四节 网络庭审直播的特点和优势

网络庭审直播是利用网络新媒体作为传播媒介对庭审进行直播的制度。随着我国经济社会不断发展，人民群众对公共事务日益关切，对司法工作也有了更多新要求和新期待。同时，伴随信息技术的飞速发展，微博、微信等新网络媒体使信息的传播速度、扩散方式和受众数量迅速增加，资讯格局、话语模式和舆论环境都发生了深刻变化。随着我国司法公开平台的逐步完善，网络庭审直播已经成为我国司法公开的重要形式。

在我国，网络庭审直播是指人民法院获得上级法院和中国法院网的审核批准后，通过官方网站以视频直播形式向公众直播，直播过程为人民法院专门调派干警负责庭审拍摄以及图像、文字内容同步录入，中国法院网也同步制作和审核把关，确保整个庭审过程完整清晰地呈现给广大群众。[①] 中国法院网的网络直播系统包括庭审直播、现场直播和嘉宾访谈，各法院网及各级法院可以直接与中国法院网联系进行相关直播，全面推进审判流程公开、裁判文书公开、执行信息公开三大平台建设，不断扩大覆盖面，增强影响力。

---

① 周强:《把中国法院网建设成为一流网站》，中华人民共和国最高人民法院网，2014 年 6 月 6 日，访问日期 2015 年 10 月 14 日。

一、现阶段网络庭审直播的类型

随着时代和科学技术的发展，网络庭审直播的表现方式和形式也不断多样化。从表现方式上看，网络庭审直播主要通过视频、音频和图文的方式播放；从播放的同步与及时性上看，有现场直播和实况转播；从播放媒介上看，有网站、微博、微信和最新的手机 APP。

（一）视频直播、音频直播、图文直播

视频、音频和图文这三种直播方式被广泛地应用于网络庭审直播中。但各国对于三种方式的选择和侧重有所不同。例如，美国是以音频和图文为主、视频为辅，而我国是以视频为主、图文和音频为辅。三种方式各有其优缺点，均为网络庭审直播的重要表现方式。

视频直播是网站庭审直播采用的主要形式。视频具有表现真实、具体、生动、画面感强的优点，画面的动态呈现和实时记录可以使观摩者有身临其境的感受，与亲身到庭听审区别最小，最能完整展示整个庭审过程，实现庭审公开的价值功能。但是视频直播也有其固有的缺点，整个庭审程序完整看下来，时间长，过程较枯燥，而且观看效果受播放设备、播放器版本、网络速度等技术的限制较大。

图文庭审直播是微博、微信庭审直播采用的主要形式。图文直播较视频直播而言，对观看设备和网络速度的要求较低，观看效果能够得到很好的保证，而且观看者可以自行决定浏览速度，控制观看的时间。但是，图文直播的真实性不如视频和音频，画面感弱，庭审现场的威严性和教育性很难通过图文直播得以体现。

音频直播也具有较强的真实性和现场感，但是与视频直播一样具有收听时间过长、较为枯燥的缺点，而且与图文直播相比更加缺乏画面感。

（二）法院官方网站直播与官方微博直播

在世界各国，法院建设自己的官方自媒体作为司法公开和电子化、网络化办公平台的做法非常普遍。法院的主流自媒体一般包括官方网站和官方微博（或称推特，各国根据运营商不同叫法也不同）。在我国，自 2007 年开始，法院官方网站庭审直播得以稳定持续发展。但是，官方微博直播的发展却像坐过山车一般历经起伏。2012 年起，微博被大多数中国网民所接受，影响力逐渐加大，各地法院逐渐发现了这一自媒体的影响力，纷纷开通本法院的官方微博直播，针对一些社会关注的案件通过官方微博进行播报，收到了很好的社会效果。但是，自 2014 年年末开始，微博逐渐被其他的新兴自媒体如微信等所取代，使用率接连降低。根据统计，2014 年 12 月，微博的用户规模为 24884 万人，网民使用率为 38.4%，而到了 2015 年，微博的用户规模降到了 20432 万人，网民使用率则跌到 30.6%，使用率半年下降了 17.9%。[①] 由此，微博作为法院庭审直播阵地的影响力也逐渐降低。

二、网络庭审直播的特点与优势

（一）播放主体的官方性、权威性

网络庭审直播根据直播的主体不同可分为广义的网络庭审直播和狭

① 中国互联网络信息中心：《第 36 次中国互联网络发展状况统计报告》，2015 年 7 月 23 日。

义的网络庭审直播，广义的网络庭审直播既包括新闻媒体对庭审的网络直播，也包括法院通过自媒体对庭审的直播；狭义的网络庭审直播仅指人民法院作为直播主体的直播，即人民法院获得上级法院和中国法院网的审核批准后，通过官方网站以视频直播形式向公众直播。法院自媒体直播具有的特点之一就是权威性，“权威性”是一把“双刃剑”，它既保证了播放内容的真实有据，又导致了案件的有选择播出。

在没有特殊说明的情况下，本书的研究对象仅指狭义的网络庭审直播。狭义的网络庭审直播，其播放主体具有官方性和特定性，播放主体只能是法院。审判权只能由法院统一行使，法院主导着整个庭审过程，法院理所当然是庭审直播的主要发布者。只有当一些案件极具新闻价值时，经授权的媒体才有权进行直播。媒体应当客观报道、中立评论，避免陷入“舆论审判”的怪圈。

（二）拍摄、转播过程的法定性、正规性

2010 年 11 月发布的《最高人民法院关于人民法院直播录播庭审活动的规定》，是我国开展网络庭审直播以来最为具体、详细的制度依据。该规定第 5 条明确，“人民法院进行网络庭审直播、录播的，由审判庭向本院有关部门提出申请。有关部门审核后，报主管副院长批准。必要时，报上级人民法院审核。人民法院通过中央电视台进行庭审直播、录播的，应当经最高人民法院审核。通过省级电视台进行庭审直播、录播的，应当经高级人民法院审核”。2010 年 8 月，最高人民法院还制定并颁布了《关于庭审活动录音录像的若干规定》，要求法院开庭审理案件时应当对庭审活动进行全程同步录音或者录像，明确了对于庭审的拍摄规程。

可见，对庭审的拍摄、转播要严格依照法律法规进行，具有严格的法定性、正规性。

（三）产生“互联网 +”效应，受众广泛

根据《第 41 次中国互联网络发展状况统计报告》，截至 2017 年 12 月，我国网民规模达 7.72 亿，普及率达到 55.8%，超过全球平均水平（51.7%）4.1 个百分点，超过亚洲平均水平（46.7%）9.1 个百分点。全年共计新增网民 4074 万人，增长率为 5.6%，我国网民规模继续保持平稳增长。互联网商业模式不断创新、线上线下服务融合加速以及公共服务线上化步伐加快，成为网民规模增长的推动力。信息化服务快速普及、网络扶贫大力开展、公共服务水平显著提升，让广大人民群众在共享互联网发展成果上拥有了更多获得感。截至 2017 年 12 月，我国手机网民规模达 7.53 亿，网民中使用手机上网人群的占比由 2016 年的 95.1% 提升至 97.5%；与此同时，使用电视上网的网民比例也提高 3.2 个百分点，达 28.2%；台式电脑、笔记本电脑、平板电脑的使用率均出现下降，手机不断挤占其他个人上网设备的使用。以手机为中心的智能设备，成为“万物互联”的基础，车联网、智能家电促进“住行”体验升级，构筑个性化、智能化应用场景。移动互联网服务场景不断丰富、移动终端规模加速提升、移动数据量持续扩大，为移动互联网产业创造了更多价值挖掘空间。2017 年，我国在线政务服务用户规模达到 4.85 亿，占总体网民的 62.9%，通过支付宝或微信城市服务平台获得政务服务的使用率为 44.0%。我国政务服务线上化速度明显加快，网民线上办事使用率显著提升，大数据、人工智能技术与政务服务不断融合，服务走向智能化、精准化和科学化。微信城市服务、政务微信公众号、政务微博及政务头条号等政务新媒体及服务平台不断扩张服务范围，上线并完善包括交通违法、气象、人社、生活缴费等在内的多类生活服务，并向县域下沉。①

这意味着，网络庭审直播至少会有 7.72 亿的潜在观众，而且这个数字每年都会增长。不仅如此，网络庭审直播的受众是不确定的多数人，只要有网络和设备终端的地方就可以观看到庭审直播。即使不是网民，只要在网络移动终端设备前，都有可能成为网络庭审直播的观看者。这样，网络庭审直播的受众能够无限扩大。

这正是“互联网 + 庭审”或者“互联网 + 司法”所产生出的优势成果。受众面广、可以无限传播和扩大是网络庭审直播显著的特点和优势。另外，网络庭审直播成为司法公开的重要形式也是司法公开适应社会生活方式转变、网络技术发达和移动终端设备普及的现实需要。

（四）突破传统听审的局限性，公开效果的显著性

网络庭审直播突破了传统公开审判的局限性。传统的公开审判形式在如今的技术条件和社会环境下看是有局限性的，这主要表现在以下几点。一是法庭的空间限制。法庭的场所无论大小都有空间限制，这就对旁听席的人数产生了制约。对于受关注的案件，旁听席很难满足所有有意旁听的民众。这样，庭审的信息传播就被限定在法庭之内，公众对审判进行监督的效果极其有限。二是庭审的时间限制。对于参与法庭旁听的人来说，在

① CNNC 发布《第 41 次中国互联网发展状况统计报告》，http://www.cac.gov.cn/2018-01/31/c_1122346138.htm，访问日期 2018 年 7 月 2 日。

特定的时间赶赴特定的法庭参与旁听是需要付出相当大的时间成本的，因此，很难想象所有旁听者都会千里迢迢去法庭旁听一个与自己无关的无名案件。且对于无法当日完成审理并宣判的案件，旁听的连续性也难以得到保障。三是法庭秩序。法庭审理是极其严肃的法律程序，在审理期间，法庭对纪律的要求毫无疑问地大大约束了在场旁听者的自由。四是普及法律的效果受到限制。

以上局限是传统庭审模式难以解决的问题，在传统技术条件下这些限制将会长期存在。互联网传播的广泛性、即时性、互动性、便利性正好帮助传统庭审模式走出局限，网络庭审直播的发展是科学技术进步和社会生活方式变化的必然结果。

三、对网络庭审直播的质疑

网络庭审直播是伴随着质疑和争论而产生、发展起来的。反对者认为庭审直播会干扰法庭纪律，会对当事人内心形成干扰，会导致证人出庭难上加难，庭审直播实际上是庭审的“表演化”。支持者认为庭审直播是公众知情权的重要体现，是司法公开与时俱进的体现和结果。

（一）公众知情权、监督权与当事人隐私权的矛盾

随着网络的普及应用与司法实践的发展，“互联网＋庭审”审判公开模式应运而生，虽然在技术和操作上克服了之前庭审直播方式的局限性，但是网络自身无限传播的特点也导致了众多对网络直播庭审的质疑。分析众多反对网络直播庭审的观点，其中最具代表性的就是庭审直播所体现的社会公众的知情权和监督权与当事人隐私权之间的矛盾。产生这一矛盾的

原因在于立法中更多地把庭审直播当作法院的职权行为或者是审判行为项下的一项具体内容，而很少关注庭审直播涉及的另一主体——当事人尤其是被追诉人的意见和想法。社会公众通过庭审直播关注的对象不仅仅是法官的审判行为，也有当事人的诉讼行为。

不同国家奉行的审判结构与模式虽然各有不同，但无论是刑事诉讼中的控、辩、审结构，还是民事诉讼中法官、原告、被告的结构，都是由三方主体构成，每一个裁判的形成都是三方主体共同作用的结果。各方主体积极地参与到庭审活动中，实现自己在庭审中的作用和价值。法院的审判权本属于公权力，而公权力的行使必然要受到制约和监督。但是庭审的过程除了涉及法院的审判权还涉及当事人的私权利，尤其对于民事诉讼的当事人而言，他们起诉到法院，只是想让法院作为居中的第三人对纠纷进行解决，他们并不想将自己的私事通过法院传播出去。因为即使是通过公权力解决个人纠纷，他们依然认为这是与别人不相干的私事，不想自己的事情成为别人关注的焦点，通过摄像机镜头生活在别人的过分关注之下。而当法律将庭审直播作为法官决定的事由，其实是将庭审直播放置在法院的自由裁量权之下。法院若将庭审直播看作与当事人无关的职权行为，自然不会考虑或者征求当事人的意见，这种类似于行政决定的方式会将当事人不愿公开的个人隐私完全放置于公众的视野之内，实则是对私权利的漠视和践踏。当法官决定进行网络庭审直播的时候，其行为也越权处分了当事人的私益。

隐私权最初是作为一个民法学概念被提出来的，后来上升为一项宪法性权利，是“自然人享有的私人生活安宁与私人信息秘密依法受到保护，不被他人非法侵扰、知悉、搜集、利用和公开的一种人格权”[①]。隐私权作为人格权的一种，必然与人格尊严、人格利益有关系。隐私权的权利属性具体包括两个方面：一是权利涉及的范围完全属于个人领域，即私密性；二是隐私权的权利人对隐私权指向的对象可以完全地控制。权利主体完全可以决定这些事项和内容是否公开，或者通过何种方式公开，其他人不能干预，并且要隐忍和尊重权利主体的处分行为。隐私权也是权利人人格自由发展和人格独立的延伸，强调公民私生活和内心世界完全不受外界的干扰，因为它不涉及公共利益，如果他人对其进行了干预，其实就是侵犯了权利所有者的人格自由。隐私权包含自由、平等、人格尊严等人类普遍追求的崇高价值，若其可以被随意泄露，或者因为隐私的泄露得到不利于己的社会评价，受到不公正的社会待遇，都是对权利所有人人格尊严的严重侵犯。

综上所述，隐私权对于人格自由具有重要意义，属于隐私权范畴的信息，如果在庭审过程中随着法官的自由裁量、法院的职权行为向全社会进行了公开，其实是对当事人莫大的不利益。在现代法治社会，任何公民，即使是违法犯罪者，法律也不能肆意公开他们的隐私、剥夺他们的人格尊严，当然也包括参与到诉讼中的当事人。否则，全社会就会“人人自危”。个人隐私得到法律保护，人才会感受到人格的独立和尊重，心灵得以宁静，进而促进社会生活的和谐发展。[②]

① 王利明：《隐私权概念的再界定》，载《法学家》2012 年第 1 期。

② 刘小鹏：《庭审网络直播与当事人隐私权保护的冲突和平衡》，载《法律科学（西北政法大学学报）》2015 年第 3 期。

（二）网络直播容易引发公众舆论的“全民审判”

对于网络直播而言，其最大的意义在于回应社会公众的知情权和监督权。社会公众通过关注法院庭审案件的网络直播方式，了解法院对案件的审理过程。从法院审理案件的诉讼程序的角度来说，从对案件的事实调查到作出最后的裁判是一个过程，在这个过程中，各诉讼主体的实体权利还没有得到法院的判决和处分，民事责任的承担、刑事罪责的有无都还处于不确定的状态。但是在审判程序的进行过程中，社会公众已经通过庭审直播对案件情况有了初步的了解。他们对于当事人诉讼地位的误解和偏见，很容易引发一种“道德正义”的思潮，片面主观地对案件作出自己的判断，进而以舆论的力量干预法院的审判。尤其当法院的司法公信力下降，法院的判决结果和民意的导向存在差别时，这种民意反对的思潮便会将压力倒向法院。法院会受到存在司法腐败、作出枉法裁判的质疑，使法院不得不考虑迎合民意进行改判或者再审。

十余年来，我国法院面临很大的信任危机。对于诉讼程序而言，民事诉讼中的原告、被告和刑事诉讼中的被告人，都只是诉讼阶段上的称谓，并不涉及对实体利益的判断。法院判决一方胜诉、另一方败诉，也并不意味着据此就可以感性地得出好人或者坏人的结论。因为判决的根据是从庭审中认定的证据推知的法律事实，而法律事实有时与客观事实是存在差异的。当人们用自己朴素的情感去认知案件事实时，会给诉讼当事人带来前所未有的压力，会对证据裁判规则形成巨大的冲击，会让法院的审判工作陷入考量民意导向的非理性情形。很多刑事案件还未经法院审判，媒体就做出类似于“杀人偿命”“天理不容”的报道，犯罪嫌疑人早早被贴上

“坏人”的标签，他们等待的不仅是法院的审判，还有沉重的道德危机，甚至他们的亲人也同样会受到法律之外的负面评价。民意一边倒地给法院施加压力，法院即使想酌情进行宽缓的刑罚也不得不谨慎行事。

刑事诉讼的被追诉人已经在侦查阶段受到了强制措施的限制，甚至是长期羁押。进入审判程序之后，他们最希望的是得到一个公正的庭审环境。特别是那些深陷冤案的犯罪嫌疑人，法院的审判是他们得到清白、重见天日的最后希望。此时我们需要冷静而理智地关注案件的进程，而不是向法院施加压力，传播非理性的声音和信息。即使被追诉人真的实施过犯罪行为，获得公正审判也是他们的一项权利，这项权利是任何人都不能剥夺的。只有维护最不利地位的被追诉人的利益，才能维护所有人的利益，才能切实地体现公平正义，这才是法治社会的价值所在。每一个人都是潜在的犯罪人，对被追诉人人权的保护，也是对所有人人权的保护。庭审直播的价值意义在于能通过网络平台客观全面地展示庭审的过程，向社会公众传播法治精神，使其树立理性观念，从而减少民意的干预，避免因庭审直播产生“舆论审判”。

（三）网络庭审直播易导致庭审“表演化”

直播庭审对于监督司法权的行使以及法官判案活动的作用是有限的。有人认为庭审直播是审判公开的最佳载体，是对法官最直观、最切实有效的监督方式。事实上，任何一个法官都不会在法庭上明目张胆地违法。而且，法院为了维护自己的形象都会挑选最有把握的案件以及最具水平的法官。司法权的整个运作过程并未完全展示在法庭和屏幕上，公众看到的仅是一种表象。

司法权的运作过程即判案过程包括庭审过程和决策过程。庭审过程的公开与决策过程的封闭，以及法官审理权与裁判权的分离，对案件的实际决策权并非由主持庭审的法官把握，使目前的公开审判还停留在“表演”阶段，并未全面落到实处。①

纵观反对庭审直播的上述观点和矛盾，基本上都是可以克服的，比如庭审直播可能侵犯当事人隐私权的问题就可以通过对庭审直播的案件范围进行限制、建立多级申请观看制度等方法予以解决。对于有证人出庭的庭审，在直播时可以通过打马赛克、变声等方式解决。对于庭审直播易导致表演化的问题，可以通过案件庭审直播的全面化来解决，当所有可以公开的案件都必须直播时，庭审“表演”也会露出真面目。

① 唐炳洪、王艳：《论审判公开与庭审直播》，载《当代法学》2001 年第 6 期。

第二章

其他国家和地区庭审直播制度的发展及现状

本章通过对美国、英国、日本、国际准则与其他国家和地区的庭审直播的产生与发展历程、法律法规、代表性案例等方面进行考察，总结分析域外庭审直播的发展和现状、形式和特征，以借鉴域外优秀经验，服务于我国庭审直播制度的发展。

美国是世界上最早实施庭审直播的国家，庭审直播背后的审判公开原则在《美国联邦宪法》第六修正案中得到了体现。美国庭审直播的发展历史，先后经历了从排斥到引进，从兴起到禁止，从复兴到发展的过程。美国联邦法院先后进行了三次庭审直播的实验：第一次是20世纪70年代中期，这次实验对于庭审直播从冰冻走向回暖起到了重要作用；第二次是20世纪90年代初，这次实验并没有明显改变大部分联邦法院对于庭审直播所持的保守态度；第三次实验性庭审直播发生在2011年，面对新技术的出现，庭审直播面临着新形势和新方法，这次实验为庭审直播在高精尖科技引领下的数字化发展打开了新视野和新方向。本章第一节介绍了"庭审直播美国式司法实践的最初尝试——猴子审判""庭审直播开始进入司法公众视野——美利坚合众国诉霍夫曼案""对向媒体公开审前供述的质疑——里多诉路易斯安那州案”“庭审直播遭到禁止——埃斯蒂斯诉得克萨斯州案”“冰冻之后庭审直播迎来春天——钱德勒诉佛罗里达州案”“庭审直播下的刑事诉讼法教科书式案件——辛普森案”“美国首开庭审直播新形式之先河——托马斯许可令案”“网络庭审直播的发展——霍林斯沃思诉佩里案”八个对于美国庭审直播发展有着重要影响的代表性案例。

同样为英美法系的代表性国家，庭审直播在英国的发展较之美国有很大的不同。在19世纪二三十年代，美国的司法审判已经开始了庭审直播的萌芽和尝试。而在大西洋彼岸的英国，庭审直播却处于全面禁止状态。这种全面禁止状态甚至一直持续到21世纪才有所松动。第二节将通过梳理英国相关庭审直播的重点规定，发现英国对于庭审直播从全面禁止到相对开放的过程，其中，微博直播是英国庭审直播的主要形式。

日本庭审直播的实行也是经历了曲折的过程，“《北海杂志》事件”激发了日本对于不同的庭审直播态度之间的矛盾。第三节介绍了日本庭审直播的典型案件。

此外，国际条约中也强调了在庭审直播中不得损害当事人或犯罪嫌疑人的权利。第四节将对此予以介绍。

第一节　美　国

一、美国庭审直播概述

美国是世界上最早实施庭审直播的国家，庭审直播背后的审判公开原则体现在《美国联邦宪法》第六修正案中，其明确规定：“在刑事起诉中，被告应享有获得及时与公开审判之权利。”在此之前的《美国联邦宪法》第一修正案也明确规定保护言论和新闻自由。《美国联邦宪法》第十四修正案明确规定保护被告的正当程序权利，即“各州不得不经由法律正当程序，即剥夺任何人的生命、自由或财产”。

《美国联邦宪法》对公民权利和自由的规定是十分具体的，但是正是因为每一项权利都有宪法作为保护和支撑，所以在各项权利发生矛盾和冲突的时候也需要法官根据实际情况进行自由裁量，确定权利保护的更高价值追求。在以庭审直播为代表的公开审判实践大量在司法审判中出现、被告人对自身程序性权利的重视和要求不断提高的双重条件下，媒体庭审直播到底应作何取舍成为美国司法史上一直存在的问题。双方力量的博弈和价值取向的选择，也在推动着美国司法人权保护的进程和媒体庭审直播制度的发展。

美国庭审直播的发展历史，先后经历了从排斥到引进，从兴起到禁止，从复兴到发展的过程。美国联邦法院先后进行了三次庭审直播的实验：第一次是20世纪70年代中期，这次实验对于庭审直播从冰冻走向回暖起到了重要作用；第二次是20世纪90年代初，可惜的是，这次实验并没有明显改变大部分联邦法院对于庭审直播所持的保守态度，实验结果对于联邦法院的庭审直播禁令没有影响，不过可喜的是，在刑事审判历史上具有划时代意义的辛普森案件便是在这次实验的浪潮下实现了庭审直播，对于这次直播所具有的积极和负面效应，下文中具体论述；第三次实验性庭审直播发生在联邦法院撤回庭审直播禁令15年后的2011年，这次实验为庭审直播在高精尖科技引领下的数字化发展打开了新视野和新方向。

1990年，美国建立了专门的法庭频道（Court TV），转播全国各地的法庭审判过程，促进了庭审直播在美国司法实务中的发展。为了确定媒体直播是否会对庭审产生物理或心理上的干扰，1991年至1993年，美国联邦法院在6个地区法院和2个上诉法院展开了为期3年的庭审直播实验。联邦司法中心的实验结果评估报告显示，庭审直播不会对审判程序产生过多干扰，也不会侵犯被告人的程序性权利。此外，大部分证人和陪审员都认为庭审直播对其语言表述和行为方式没有干扰或者干扰非常小。对律师群体的调查显示，仅有19%的律师认为庭审直播会使证人产生中度以上的紧张，10%的律师认为庭审直播会对陪审员造成中度以上的干扰。法官群体也对庭审直播的积极之处表示肯定，25%的法官认为庭审直播这种法律仪式会提高陪审团的责任感，32%的法官认为庭审直播会敦促律师进行更充分的准备。对州法院的实证调查也得到了类似的结果，多数人认为庭审直播产生的负面影响事实上并不大，甚至可以忽略不计。佛罗里达州和新泽西州大多数受访的陪审员都表示庭审直播对其正确作出判断以及对证人证言的真实性影响不大；大部分证人表示庭审直播不会对其产生消极影响；大多数陪审员表示自己不会受到庭审直播的影响和干扰；大部分参与者表示，庭审开始之后，他们会自然地忘记庭审直播的存在。[①]

20 世纪 90 年代后期，美国马萨诸塞州最高法院设立了司法媒体委员会。利用司法媒体委员会，建立媒体与法院交流的桥梁，法院提供平台表达对媒体参与司法的支持，媒体也可以获得更多与案件有关、社会公众比较关注的信息。除了设立司法媒体委员会，司法与媒体的沟通还体现在任命专业的法院信息官，法院信息官直接负责与媒体对话。1993 年，美国威斯康星州最高法院创设了法院信息官这一职位，负责从专业角度（新闻学和传播学）策划与媒体的沟通机制。这样的沟通机制发展到现在，很多法院的信息官都曾经做过媒体工作，并且，一些媒体记者专门负责报道他们现在工作的法院审理案件的情况。在具备专业知识的法院信息官的参与下，美国法院开始注重使用多种形式的社交媒体来实现司法公开。美国作为典型的判例法国家，庭审直播发展的每一个过程，都有标志性案例起到催化作用，这些案例对美国庭审直播历史具有里程碑式的意义。

二、美国庭审直播经典案例

（一）庭审直播美国式司法实践的最初尝试——猴子审判

自从直播技术进入庭审程序，对于庭审直播合法化、正当化的争论就一直持续着。20 世纪初，在美国的司法审判实践中就出现了庭审直播的

① Alex Kozinski　& Robert Johndon, "Of Cameras and Courtrooms", *Fordham Intellectual Property, Media　& Entertainment Law Journal*, Vol. 20, Issue 4 (Summer 2010), pp.1107-1134. 实验数据转引自王燃：《美国庭审直播制度》，载《国家检察官学院学报》2015 年第 2 期。

雏形，最早可以追溯到1917年关于是否允许照相机进入法庭的争论，[①]这场争论以伊利诺伊斯最高法院禁止了庭审中拍照而结束。在科学技术并不发达的情况下，拍照已经作为当时较为先进的技术对庭审直播做出了最初的试探，庭审拍照与庭审直播在技术处理、反映效果上还是存在一定差别的，对此，本章第五节将进行详细论述。尽管这次庭审直播的试探以失败而告终，但是对于法官、律师、当事人而言，庭审直播的思想启蒙是影响深远的。因为在8年之后的1925年，戴顿市法院以录音方式直播了一起有关进化论课程合法与否的案件。

这次庭审直播的案件还有一个更滑稽有趣的名字——猴子审判，这个名字来源于西方生物科学进步而发展的进化论思想与西方教会主导的上帝创造人类思想的冲突，通俗地说，这次审判的主要内容就是，是否可以在美国公立学校的课堂上教授与《圣经》中“上帝创造人类”的教义相悖的生物进化论思想，即猴子是否为人类祖先的问题。

这次审判的缘由是世界基督教基要主义协会主席、田纳西州众议员代表约翰·布特勒游说州议员通过反进化论的提案。作为对此提案的回应，美国公民自由联盟通过资助高中生物代课教师约翰·斯科普斯试图抵制此提案。1925年5月5日，这位生物教师因为按照公民生物学上的一个章节来讲授生物进化论遭到了控告，进而拉开了这次庭审程序的序幕。[②]

与之前的照相机进入法庭不同的是，这次庭审直播采取了广播直播的

---

① Christina Locke Faubel, “Cameras in the Courtroom 2.0: How Technology Is Changing the Journalists Cover the Courts”, *Reynolds Courts and Media Law Journal*, Vol.3, Issue 1 (Fall 2013/Winter 2014), pp.3-32.

② 参见高一飞：《从录播到微博直播——兼谈薄熙来案庭审直播的意义》，载《新闻与法律》2013年第10期。

方式，换句话说，广大民众对于本次庭审的了解并不是通过图文并茂或者视频画面的形式，而是用了“只听其声不见其人”的方法。该案由芝加哥WOC电台取得了独家转播权，这场审判便通过收音机向全美国直播。主审这起案件的法官约翰·罗斯顿显然很享受这种受到瞩目的感觉，他表示“我的判决将会传遍全世界”。[①] 这场庭审直播里程碑式的意义在于，它是目前可以查到的世界第一起庭审直播的案件，也是美国第一起在国家广播电台上播放的诉讼。[②]

（二）庭审直播开始进入司法公众视野——美利坚合众国诉霍夫曼案

这起案件发生在1935年，对美国庭审直播发展有着重要影响，被认为是一起世纪性审判。[③] 此案的另一重大意义在于庭审中的当事人对庭审直播的存在提出了异议，掀起了法官和民众对庭审直播与法庭秩序和被告人程序性权利的保护之间的矛盾与协调的讨论。

本案的被告人是一名叫布鲁诺理·查德·霍夫曼的德国人，他被指控绑架和谋杀了一名不满两岁的男孩。由于案件自身的性质以及被害人年龄的特殊性，这个案件在美国民众中得到了广泛的关注。这场审判自然也会吸引广大媒体的眼球。庭审当天，几百名记者和百余名摄影师涌入法院，其中还有很多观察员和记者带着照相机、摄像机、闪光灯进入法庭内部，

---

①［美］玛裘莉·柯恩、大卫·道著:《法庭上的摄影机》，曾文亮、高忠义译，商周出版社2002年版，第22页。

②参见高一飞:《从录播到微博直播——兼谈薄熙来案庭审直播的意义》，载《新闻与法律》2013年第10期。

③参见王燃:《美国庭审直播制度》，载《国家检察官学院学报》2015年第2期。

所以很多人也认为这场案件被过度直播了。[①]

最终霍夫曼被认定为有罪，但他随即提出了上诉，上诉理由便是媒体的过度介入影响了案件的程序公正。最终，上诉法院驳回了他的上诉，认为法庭允许媒体介入是合情合理的。虽然霍夫曼的上诉最终被驳回，但是，此案引发了一场关于媒体过度介入与法庭程序公正的讨论，为后续庭审直播发展的走向奠定了基础。

（三）对向媒体公开审前供述的质疑——里多诉路易斯安那州案

1961 年，查尔斯湖市的一家银行被抢劫，不久之后，犯罪嫌疑人里多被警方逮捕。这起抢劫案的一审判决作出前，当地电视台联合警方录制并直播了里多在审前程序作出有罪供述的视频，且利用媒体平台多次播放。里多的有罪供述中包括其作案的详细过程等内容，通过长达约 20 分钟的视频得到了广泛传播。当时的里多只有 19 岁，在直播有罪供述时有 24000 人次通过电视进行了观看，第二天电视台又进行了重播，视频重播有 53000 人次观众收看，在两次播出后，电视台又数次重播这一讯问过程。本案的陪审团中也有陪审员表示曾经在电视上看到过被告的审前有罪供述。一审的判决结果宣告里多抢劫、绑架及谋杀罪成立。判决作出后，辩护律师以审前供述被过度直播为理由，要求变更管辖法院，但是这一请求遭到了拒绝。该案在 1964 年、1970 年和 2005 年又进行了重审。但是重审理由并不是辩护律师提出的，里多的有罪供述曾被广泛传播，而是陪审团组成涉及种族和性别问题导致的不合理，最终本案于 2005 年变更判决

① 参见王燃：《美国庭审直播制度》，载《国家检察官学院学报》2015 年第 2 期。

结果为过失致人死亡罪。[①]

（四）庭审直播遭到禁止——埃斯蒂斯诉得克萨斯州案

该案发生在1965年，其对于美国庭审直播的发展具有划时代的意义，原因在于本案是首次在电视台进行转播的案件。在庭审直播实现从无到有并逐渐深入人心的过程中，前文提到的媒体过度介入、干预司法程序公正的问题开始得到美国最高法院的重视，其标志性案例就是埃斯蒂斯诉得克萨斯州案，此案也被称为“庭审报道第一案”。

在本案庭审过程中，十几名摄像师进入法庭对案件庭审的全程进行录像，涉及采访、拍摄、收音的其他设备如麦克风、电源线遍布法庭各个角落，其中包括法官的审判席和陪审团的周围，对此本案的法官汤姆·C.克拉克表示严重质疑，他认为这些庭审直播设备会对法庭秩序、庭审程序造成严重的破坏性影响，不仅会给被告人造成更大的心理压力，也会增加本案证人的紧张感，干扰陪审团的注意力，不利于他们清晰准确地在庭审进行中收集有价值的案件信息，进而影响他们对于案件实体情况的判断，这对于本身对案件一无所知还要对被指控人的罪名是否成立作出判断的陪审员来讲无疑是巨大的干扰，更是对被指控人程序性权利的不尊重，倘若因此法庭作出了错误的不公正的判决，这对于被指控人、陪审团乃至整个法庭都是极大的灾难，是对法律公正的严重亵渎。法院还特别强调，媒体的过度介入严重违背了被告人本应享有的获得公正审判的宪法性权利，庭审直播就其本质而言，影响范围也会足以导致公众的偏见，而这种偏见会使

① 参见王燃:《美国庭审直播制度》，载《国家检察官学院学报》2015年第2期。

被指控人在未被确认有罪之前面临更大的心理压力。

经过埃斯蒂斯诉得克萨斯州案，美国最高法院明确表示了对于庭审直播的反对态度，庭审直播在各个州便很少被采用了。1972 年，禁止庭审直播、禁止电子设备进入法庭的规定已经扩展到民事领域。到 1974 年，除了科罗拉多州，美国其他州都禁止在庭审中使用摄像机。不过 20 世纪 70 年代中期，很多州开展了实验性质的庭审直播。在 1978 年，全美各州首席大法官会议通过了一项决议，这项决议公布了州法庭上电子报道范围的标准，此后允许电子转播的州迅速增多，庭审直播有重回美国州法院的趋势。至 20 世纪 80 年代末期，已经有 35 个州允许实验性质的庭审直播。[①]

（五）冰冻之后庭审直播迎来春天——钱德勒诉佛罗里达州案

正如前文所说，在 20 世纪 70 年代中期美国开始了实验性质的庭审直播之后，庭审直播回到法庭审判程序逐渐呈现回暖的趋势，越来越多的州开始允许有实验性质的庭审直播。钱德勒诉佛罗里达州案就是在第一次庭审直播实验中具有代表性的案例。

1977 年 7 月 1 日，钱德勒和格兰杰被指控犯有入室盗窃罪、重盗窃罪和持有盗窃工作罪等罪。而审判该案的佛罗里达州法院在第一轮实验性质庭审直播的进行中要着手实施电视转播庭审的计划，这也意味着钱德勒案件的审判过程将作为这一计划实施的一部分进行电视转播。这次电视转播的特别之处在于，审判环节开始后，法庭只允许一台摄像机进行拍摄，摄制人员仅仅拍摄了控方提交证据的过程，辩方提交证据时摄制人员就带着

① 参见江鸿著:《看美国媒体如何打官司》，南方日报出版社 2016 年版。

摄像机离开了。后来电视台播出的节目中，也只有控方提交的证据内容，没有与辩方有关的信息。最终，陪审团认定被告人被指控的罪名成立。两人对佛罗里达州法院的举措表示反对，并向法院提出申请，希望法院能够确认庭审直播的方式违反宪法的规定，但是并没有得到初审法院的支持。在一审作出有罪判决之后，两名被告人以电视转播侵犯了他们应当获得公正审判的权利为由提起了上诉，但是州最高法院拒绝受理此案。

此案最终上诉到联邦最高法院。与之前其对庭审直播的全面禁止的态度不同的是，对于此案联邦最高法院采取了截然不同的观点。法院认为，基于实验目的的庭审直播并不为宪法所禁止，最高法院以 0 比 8 的投票比例，认为法院的庭审直播不会对被告人造成程序的不公正。随着科技的发展，庭审直播所需要的设备和器材已经精细化，庭审直播技术也日臻成熟，摄像机、麦克风等设备对法庭秩序、对当事人造成的干扰已经日渐减小，所以法院对庭审直播的全面禁令也应作出调整。伯格大法官认为，任何形式的庭审公开都有潜在的造成陪审团偏见的风险，不能因为在某些案件中庭审直播有影响陪审团的可能性，就对庭审直播施以禁令。此外，并没有证据能够证明庭审直播会使证人产生心理压力。最终，联邦最高法院维持了佛罗里达州法院的一审判决，驳回了钱德勒和格兰杰的上诉。①

（六）庭审直播下的刑事诉讼法教科书式案件——辛普森案

作为刑事诉讼法课程、证据法学课程、刑事侦查学课程必须讲授的经

① 参见高一飞：《美国起审直播录播的历史发展与改革实验》，载《法律适用》2012 年第 8 期；江鸿著：《看美国媒体如何打官司》，南方日报出版社 2016 年版。

典案例，辛普森案几乎成为每一个法科学生都需要了解的内容。而辛普森案的审判过程也实现了全程的庭审直播。辛普森案发生在20世纪90年代初期，当时美国司法委员会对于庭审直播的态度处于犹豫阶段，所以辛普森案的庭审直播，一方面源于庭审直播技术的成熟和法院对于其冰冻态度的转变，另一方面也源于辛普森案本身具有较大的社会效应。这个案子通过电视台对整个庭审过程进行全程直播，有上亿人收看了此案的电视直播，但是对于电视直播所产生的社会效果和民众反响，却出现了两极分化的趋势。

持支持观点的人认为，庭审直播让他们有机会在法庭之外了解到自己最关注的案件的审理情况，无论是控方意见还是辩护意见，证人出庭还是交叉询问，都第一时间展示在公众的眼前。但是反对观点认为，这次庭审直播将紧张严肃的法庭审判变成了影视剧拍摄，法庭上的每一个人失去了应有的庄重和严肃，变成了配合剧目表演的演员，摄像师出色的摄像技术，第一时间捕捉各种特色，对于被害人家属声泪俱下陈述的每一个细节进行了完美的捕捉，但是这种特写也会侵犯人格尊严。对于辛普森手部的特写，也可能拍到其与辩护律师用于交流的纸张的具体内容，进而侵犯辛普森与辩护律师的秘密通信权。所以，在高科技发展的情况下，如何在保证庭审直播的准确、真实的同时，不侵犯被指控人、被害人的隐私权、秘密权、人格尊严权成为庭审直播发展面临的新问题。①

① 参见高一飞:《庭审直播的根据与规则》，载《南京师范大学学报（社会科学版）》2007年第3期。

（七）美国首开庭审直播新形式之先河——托马斯许可令案

如同庭审直播走在了世界的前头，对于庭审直播新形式——微博直播，美国也走在了其他国家的前面。美国最早在法庭上使用推特是在 2007 年，一位记者在没有得到法官允许的情况下使用推特对一起银行家谋杀案进行了报道。2009 年 1 月，一位《塞达拉皮兹宪报》的记者在法官的允许下通过博客对案件进行了报道，但是法官要求记者背对法庭而坐，进而将干扰降至最低。2009 年 3 月，美国佛罗里达州南区地方法院法官福迪瑞克·莫雷纳，用一项行政命令回应了棕榈滩邮报的请求。该命令说，由于在法庭内禁止使用手机，记者不能在法庭内发布实时网页更新，但是，他们可以自由地到法庭外的大厅这样做。2009 年 5 月，美国地方法院法官托马斯·马丁给记者西尔维斯特发出了在庭审过程中直接发布推特实时更新的许可令，标志着记者在法庭上使用微博得到了美国地方法院法官的正式认可。美国也实现了从不允许手机进入法庭到法官准许或默许记者进行微博直播的突破。①

（八）网络庭审直播的发展——霍林斯沃思诉佩里案

此案发生在 2010 年，是关于同性婚姻是否合法化的案件，可以说是进入网络时代后庭审直播突破原有形式的典型案例。在对这一案件进行审理之前，初审法院向上诉法院提出了申请，希望该案能进行庭审直播，并将直播的视频在网络上公布，进而实现庭审直播范围、方式、受众面的一

---

① 参见王燃：《美国庭审直播制度》，载《国家检察官学院学报》2015 年第 2 期。

次全面的革新和突破。上诉法院同意了初审法院的申请：这次庭审直播的视频将在美国多个著名城市的网络上播出。但是在开庭前两天，美国联邦最高法院提出了反对意见，并叫停了直播计划。尽管如此，社会民众还是可以通过一些诸如推特的社交网站了解本案的庭审过程。庭审直播进入网络时代，新技术下的网络直播将会引起对庭审直播的进一步探讨。①

表 2-1

时间	案例	意义
1925 年	猴子审判	以广播形式进行庭审直播的最早案例
1935 年	美利坚合众国诉霍夫曼案	法院推动庭审直播的发展，媒体直播进入公众视野
1961 年	里多诉路易斯安那州案	审前供述成为媒体直播对象，引发庭审直播侵犯被告人正当程序权的探讨
1965 年	埃斯蒂斯诉得克萨斯州案	联邦最高法院表明对庭审直播的反对态度
1977 年	钱德勒诉佛罗里达州案	联邦最高法院支持实验目的的庭审直播，庭审直播迎来“复苏的春天”
20 世纪 90 年代初	辛普森案	全程庭审直播犹如双刃剑，积极效果与负面效应并存
2009 年	托马斯许可令案	微博直播逐渐成为庭审直播新形式
2010 年	霍林斯沃思诉佩里案	新技术下网络庭审直播兴起

① 参见邹实：《自由与平等：通往同性婚姻的两条进路——美国最高法院的温莎判决述评》，载《云南大学学报（法学版）》2014 年第 1 期。

三、美国庭审直播法律规范总览

美国作为联邦制国家，在联邦和州运行着不同的法律体系，各州除适用联邦的立法之外，也有权在自己的管辖范围内制定法律。除了本节第一部分所述《美国宪法修正案》的规定之外，也有很多其他的法律规定。而这些法律规定的颁布也来源于宪法赋予的各项权力之间的博弈。

《联邦刑事诉讼规则》第 53 条规定，除法律另有规定外，禁止在诉讼过程中拍照或直播。这条规定也成了很多法官禁止庭审直播的法律依据。[①]《法庭阳光法案》2012 年版本规定："将庭审录像、直播的自由裁量权授予联邦上诉法院的首席法官，将类似的自由裁量权交给地区法院法官。"此外该法案还要求主审法官告知证人可以改变自己的妆容和声音进行作证，主审法官有权不允许对陪审员，包括选拔程序中的潜在陪审员，进行录音录像。美国律师协会《职业司法道德准则》基于误导公众、干扰程序公正的原因，禁止在庭审中拍照或直播。后又增加了禁止电视直播庭审过程的规定。1972 年、1982 年、1989 年美国律师协会三次对这项规定进行了修改，并且对庭审直播做出逐步宽缓化的处理。1972 年：增加了基于教育的目的，可以静止拍照或者录像的例外性规定。1982 年：在法官自由裁量权和上诉法院的监督下，可以在庭审中基于新闻报道的方式使用摄像机。1989 年：删除该项规定，对于此事项各州根据具体情况自行规定。1996 年：联邦法院撤回了庭审直播的禁令，并允许在联邦上诉法院庭审程序中

① 原文为：Except as otherwise provided by a statute or these rules，the court must not permit the taking of photographs in the courtroom during judicial proceedings or the broadcasting of judicial proceedings from the courtroom.

进行电视转播、广播转播以及拍照，但是，仅有第二和第九两个联邦巡回上诉法院解除了庭审直播禁令。

各州关于庭审直播都以法规或者司法规则的方式进行规定，但是各州立法对庭审直播的立法态度还是有所差异的。据统计，[①] 美国各州对于庭审直播的立法态度大体可以分为四类：

第一类：允许庭审直播（共 36 个州）；[②]

第二类：不允许庭审直播（只有哥伦比亚地区）；

第三类：有限制地允许庭审直播（共 14 个州），[③] 其限制包括对于上诉审、重要案件、证人反对等情况的区别化对待；

第四类：允许网络庭审直播（共 35 个州）。[④]

四、美国司法公共查询系统的建立

在全球信息网络化背景下，信息化和司法公开是大趋势，世界各国的

---

① 参见王燃：《美国庭审直播制度》，载《国家检察官学院学报》2015 年第 2 期。

② 阿拉斯加州、亚利桑那州、加利福尼亚州、科罗拉多州、康涅狄格州、佛罗里达州、佐治亚州、夏威夷州、爱达荷州、爱荷华州、堪萨斯州、肯塔基州、缅因州、曼彻斯特州、密歇根州、密西西比州、密苏里州、蒙大拿州、内布纳斯加州、内华达州、新罕布什尔州、新泽西州、新墨西哥州、北卡罗来纳州、北达科他州、俄亥俄州、俄勒冈州、南卡罗来纳州、田纳西州、犹他州、佛蒙特州、弗及利亚洲、华盛顿州、西弗吉尼亚州、威斯康星州、怀俄明州。

③ 阿拉巴马州、阿肯色州、特拉华州、伊利诺伊斯州、印第安纳州、路易斯安那州、马里兰州、明尼苏达州、纽约州、宾夕法尼亚州、罗得岛州、南达科塔州、得克萨斯州、犹他州。

④ 亚利桑那州、阿肯色州、加利福尼亚州、科罗拉多州、特拉华州、哥伦比亚地区、佛罗里达州、夏威夷州、伊利诺伊斯州、印第安纳州、爱荷华州、堪萨斯州、肯塔基州、路易斯安那州、缅因州、曼彻斯特州、密歇根州、马里兰州、明尼苏达州、密西西比州、密苏里州、内华达州、新罕布什尔州、新泽西州、纽约州、北达科他州、俄亥俄州、俄勒冈州、南达科塔州、得克萨斯州、犹他州、佛蒙特州、弗及利亚洲、西弗吉尼亚州、威斯康星州。

司法审判机关都在积极推进。美国联邦最高法院电子案件文档和电子案件管理系统具有世界先进水平，根据《美国联邦宪法》规定，美国法院司法信息公开的方式是判决书内容的全面公开。美国联邦最高法院的判决书公布方式是由书记员向驻守法庭前的部分记者分发判决书副本。由此可见，判决书是不作隐名技术处理的，而是“原汁原味”地向社会公布。同时，所有判决书与起诉状、答辩状、辩护词等一并存储于电子案件文档系统（法院电子数据库系统），供记者、学者和公众查询。①

法庭对于法官来说，是使用频率最高的场所。根据《美国联邦最高法院 2014 年年终报告》，美国法院应当已经实现了庭审证据同步展示、同步传入电子案件系统，允许当事人和律师登录官方网站进行查询。但美国国内法院的科技法庭庭审系统与审判流程管理系统是两套系统，同步录音录像、证据同步展示和庭审记录同步展示均已经实现，但是传送至审判流程管理系统还需要做数据接口。当然，美国联邦法院系统除个别法院外，大多数是不允许摄像机进入法庭拍摄的。②

美国联邦法院电子案件系统具有便捷性，其便捷之处在于，无论是诉讼当事人还是代理律师，通过互联网登录电子案件系统提交诉讼材料，录入案件的基本信息，上传诉讼文档，就可以完成电子立案。对于我国来说，这一点值得借鉴，因为在立案审查制变为立案登记制的新形势下，让

① 参见《美国法院司法公开的启示》，载新华网：http://www.xinhuanet.com/legal/2015-08/24/c_128157830.htm，访问日期 2015 年 10 月 14 日。

② 参见《美国法院司法公开的启示》，载新华网：http://www.xinhuanet.com/legal/2015-08/24/c_128157830.htm，访问日期 2015 年 10 月 14 日。

当事人自己对信息的真实性负责比由立案法官反复审核便捷得多。[①]

2002年，美国出台《电子政务法案》，要求推广使用计算机技术，“提高联邦政府透明度和问责制”，要求联邦法院维护网站，允许公众在线访问每个案件的档案信息，所有书面判决必须发布可以文字检索的格式。但是，文档中的身份识别信息如社会保障号码、生日、未成年人的全名和银行账户号码可以保密遮掩，也限制远程访问社会保障申诉案件和移民案件。

美国建立了法院电子记录公共访问系统（Public Access to Court Electronic Records，PACER）。该系统由美国联邦法院行政管理局管理，是一种公共电子接入服务系统，它存储了所有破产法院、地区法院以及上诉法院的案件信息，包括案件相关文件、案件统计表以及其他相关信息等。[②]法院电子记录公共访问系统由众多服务器组成，各个法院负责维护自己的服务器。

1988年，美国司法会议授权建立了一个包含多个破产法院、地区法院和上诉法院的案件信息并允许公共访问的系统。当时有十几个法院签署了系统建立协议。起初，法院电子记录公共访问系统仅仅是一个电子公告系统。1997年，该系统增加了案例索引目录，允许全国通过索引访问各个法院的案例。1998年，该系统开始转到网上。经过了20年的服务和完善，法院电子记录公共访问系统从起初仅有十几个法院的案件信息，发展到包含了所有破产法院、地区法院和上诉法院的案件信息。公众可以通过当事

① 参见《美国法院司法公开的启示》，载新华网：http://www.xinhuanet.com/legal/2015-08/24/c_128157830.htm，访问日期2015年10月14日。

② 参见王华业：《美国法院电子记录公共访问系统建立二十周年》，载《法制资讯》2009年第2期。

人姓名检索联邦法院的案件，可以访问某个法院的网站查阅案件信息。任何人只要注册了账户，就可以使用。账户注册免费，但是访问按照查阅的页数和打印的页数收费，每个季度如果使用费不超过15美元就不收取费用。查阅司法判决书、在法院内部的公共终端查阅案件信息和文件是不收取费用的。

在美国，对于庭审直播录播问题历来有争议，美国联邦法院和州法院的立场态度各异。在州法院系统，自20世纪五六十年代开始，美国州法院系统就允许对庭审进行电视转播，目前绝大部分州法院允许庭审直播录播。其中，俄亥俄州是美国第一个对法庭口头辩论进行现场直播的州，庭审的视频和音频都放在互联网上供市民查阅。有关资料显示，哥伦比亚特区是唯一严禁在审判庭和上诉庭摄像的州。[①] 在联邦法院系统，对于法庭录音录像一直持抗拒态度，联邦法院刑事诉讼中电子媒体报道曾经被明令禁止，直到20世纪80年代这一禁令才解除。1991年7月，美国第二、第九上诉法院以及美国联邦法院中的纽约南区法院等6个地区法院经批准实施为期3年的民事案件庭审直播试验项目，但该实验结束后，联邦司法会议拒绝批准在民事诉讼程序中扩大庭审直播适用范围，也没有允许刑事诉讼进行庭审现场直播。直到1996年3月，司法会议才授权各联邦上诉法院自行决定是否对庭审口头辩论阶段进行摄像直播。目前第二和第九巡回上诉法院已经允许直播录播。从2011年7月开始，包括加利福尼亚州北区法院在内的14个联邦地区法院再次开展了为期3年的“摄像机进法

① Gregory M. Silverman, “Rise of the Machines: Justice Information Systems and the Question of Public Access to Court Records over the Internet”, *Washington Law Review,* Vol.79, No.1, February 2004：208.

庭”，即庭审实况直播录播试点工作，但该试点只限于民事案件，并需征得当事人同意。截至2014年，试点法院的庭审录像虽不能同步直播，但是法官会尽快把录像放到互联网上。在美国联邦最高法院，对于“摄像机进法庭”没有强制性规定，但大多数大法官都在不同场合表示过反对意见，前大法官苏特甚至说：“除非跨过我的尸体，否则摄像机休想进入我们的法庭。”尽管禁止对庭审进行录播，但是法庭开庭都会录音，并且每周五下午网站会公布本周的庭审音频记录。①

第二节 英 国

同样为英美法系的代表性国家，英国庭审直播的发展较之美国有很大的不同。在19世纪二三十年代，美国的司法审判已经开始了庭审直播的萌芽和尝试。而在大西洋彼岸的英国，庭审直播却处于全面禁止状态，甚至一直持续到21世纪才有所松动。这不禁使人思索，为什么在法律渊源、立法模式和司法模式上有很大相似性并经常被并称列举的英国和美国，对庭审直播这项涉及人权保护和程序公正的制度，却采取了截然不同的

① 参见关升英：《美国司法公开制度及其启示——关于赴美考察司法公开制度有关情况的报告》，载《山东审判》2014年第6期。

态度？

这一现象的产生源于英、美两国在庭审价值方面的不同选择。从前文对美国的论述中可见，虽然美国的庭审直播起步较早，并有了很典型的司法实践的判例，但是对庭审直播的正当性和可行性的讨论在美国就从未停止过。庭审直播在美国也经历过全面禁止的阶段，即使是现在，也有部分州全面禁止或者有条件地限制庭审直播。而英国对于这个问题的态度，从一开始便是旗帜鲜明，并且一直延续下来。在媒体与司法关系的问题上，英国采用的是“司法限制媒体模式”。英国一向以其司法独立、司法制度的优秀而自豪。因此对于新闻自由可能造成的舆论裁判后果，是从“后果挽救”的角度着手的。[①]

一、从全面禁止到相对放开——以重点规定为节点的梳理

英国在1925年颁布的《刑事司法法》第41条规定：“禁止电视录播法院的诉讼过程，否则就是招致藐视法庭罪的指控。”这项禁令在英国的司法实践中一直受到严格的遵守，不允许有任何例外情况出现。1977年英国广播公司在拍摄一部有关农村生活的纪录片时，希望能够拍摄教堂内宗教法庭的庭审情况，虽然这一拍摄计划得到了案件当事人的同意，但是法官还是予以了拒绝。英国的庭审直播一直没有打开一个缺口。

20世纪下半叶，随着大众媒体的不断发展，新闻及言论自由所要求的司法公开不断与法院为确保司法公正而对案件审理方式进行控制的司法权

① 陈新民：《新闻自由与司法独立——一个比较法制上的观察与分析》，载《台大法学论丛》第29卷第3期（2000年4月）。

发生冲突。[①]1979 年发生的 Leveller Magazine 案是司法与媒体发生碰撞的经典案例。

在这个案件中，三名嫌疑人被指控违反《国家秘密法》(*Official Secrets Acts*)。起诉期间，控方以国家安全为由，申请在法院公开审理该案时仅称呼本方的一名证人为“B 上校”，他的名字只能通过书面方式让法院、被告人以及他们的辩护律师知晓。律师和法院对此申请都没有反对，法院依据控方的申请作出了指令。庭审中，该名证人一直被称为 B 上校，其真名从未被提及。然而，在交叉盘问阶段，B 上校说出了所在军事单位的官方名称和编号，并透露自己的派驻情况已经被一份社会公众能够自由获取的军事杂志记载。根据这些信息，事实上，B 上校的真实身份已经可以被准确推知。几天后，三家杂志刊登了 B 上校的真实姓名。检察总长以藐视法庭罪将三家杂志社诉至法院，原审法院认定藐视法庭罪名成立。三家杂志社不服，最终上诉至上议院。[②]

大法官狄普洛克首先指出，藐视法庭的行为有一个共同的特征，即对司法的有效实施产生干扰。藐视法庭行为针对的是司法本身，而非实施司法的法庭或法官个人。如果法院的行为无法避开公众，且能够为防止司法武断和司法不公提供保障，并使公众对司法实施保持信心，就应当公开。其次，狄普洛克描述了司法公开原则适用的两个具体层面：一是诉讼程序本身必须在公开法庭内进行，公众和媒体可以进入旁听，所有过堂的证据都需公开展示；二是应当允许就法庭内发生的一切向更为广泛的社会公众

---

① 王涛:《英国普通法中的司法公开制度》，载《法律适用》2015 年第 1 期。

② 王涛:《英国普通法中的司法公开制度》，载《法律适用》2015 年第 1 期。

进行恰当准确的公开报道。再次，狄普洛克认为，司法公开原则的目的是实现正义，当某些特别的诉讼一旦公开，司法的实施将受到妨碍或无法进行，又或者会对其他公共利益造成损害时，则可依据成文法的规定对司法公开原则予以排除。此外，当法院运用其自身固有的控制诉讼程序的权力而决定背离司法公开原则时，这种背离只能以实现正义之必需为限。最后，对于社会公众在庭外就相关诉讼所作的某种行为是否构成藐视法庭，狄普洛克认为，判定标准在于其是否明知其在法庭外的某一行为将妨碍法院指令目的的实现，构成藐视法庭的原因不在于打破了法院指令，而在于干扰了司法的正当实施。大法官埃德蒙德 – 戴维斯更是直接指出，法院无权禁止不特定公众的公开发表行为，这类行为并不构成藐视法庭，法院所能做的仅是运用自身固有的司法权控制诉讼的程序。①

可以说，Leveller Magazine 案有效地平衡了司法实施与言论自由之间的冲突关系，在普通法上为英国大众传媒的发展和公民知情权的扩张起到了促进作用。②

1981 年英国颁布的《藐视法庭法》规定："禁止旁听人员使用收音机，只有获得法官的同意和许可，才具有使用录音机的权利。"但是，对于向包括记者在内的非当事人出售法庭记录的副本，法律持允许的态度。

1997 年 12 月，时任内阁大臣杰克 · 斯特劳的儿子因涉嫌毒品犯罪被检察机关提起控诉，杰克 · 斯特劳申请了禁止令，禁止媒体公布、报告自己和儿子的姓名。其实在英国，该案的情况以及他们的名字、身份已经被

---

① 王涛:《英国普通法中的司法公开制度》，载《法律适用》2015 年第 1 期。

② 王涛:《英国普通法中的司法公开制度》，载《法律适用》2015 年第 1 期。

很多人知晓。网络上传播的新闻，以及在英国销售的外国报纸都对该案进行了报道。但是，英国媒体都被禁止报道该消息。斯特劳一案十分清楚地说明电子通信已经开始架空《藐视法庭法》，法律远远没有跟上信息通信和媒体传播进步的脚步。[①]

2000 年，在审判涉嫌洛克比空难爆炸案的两名利比亚人时，英国广播公司提出拍摄庭审过程的要求没有得到批准，之后英国广播公司又提出申请获得法庭提供的录像，以便在庭审之后转播庭审时的情况，同样遭到了拒绝。[②]

英国司法对媒体的限制不仅体现在对庭审直播的要求，还包括法院可以发布“缄口令”，要求媒体对某些案件的报道予以推迟。[③]关于“缄口令”的规定在 1981 年的《藐视法庭法》中就有体现，其第 4 节第 2 款规定:“关于正在进行内阁的诉讼程序或任何其他处于未决或迫近状态下的诉讼程序，当似乎有必要采取措施以避免对相关司法程序造成损害的时候，法院可以命令，在其认为有必要的一段时间之内，推迟对相关诉讼程序或诉讼程序的某一部分所做的报道。”由此可见，英国司法对媒体的直播和报道处于高度防御和戒备的状态，警惕任何可能干扰司法审判的媒体活动。

与美国的情况相同的是，英国对庭审直播一刀切的排斥做法同样遭到了质疑，所以英国也进行了庭审直播的改革性实验。1992 年 8 月 5 日制定的《苏格兰法院庭审录音录像的基本指导规则》指出:“庭审录音录像仅

① 参见高一飞:《国外的庭审直播》，载《方圆》2016 年第 16 期。

② 参见卞建林、焦洪昌著:《传媒与司法》，人民法院出版社 2004 年版，第 145—146 页。

③ [英] 萨利 · 斯皮尔伯利著:《媒体法》，周文译，武汉大学出版社 2006 年版，第 225 页。

可适用于上诉法院中，一审程序中不允许录音录像，并且其必须经过严格的程序，在保证其不会对司法正常的管理秩序产生不利影响时才可以被采用，庭审可以通过电视利用纪录片等形式进行报道。”① 如前文提及的，2000年洛克比空难爆炸案的审理过程中，为了防止媒体和民众的干扰，英国法院租用了荷兰的一个小岛依据苏格兰法律对该案进行审判。该案的一审程序中，英国广播公司申请拍摄庭审过程，被法院拒绝。但是，该广播公司要求拍摄上诉审过程的申请得到了批准。虽然获准拍摄上诉审的过程，广播公司的拍摄依然受到了严格的限制，如不得拍摄证人作证的过程。上诉审结束后，有关案件审理程序的报道出现在了网络、电视新闻节目和纪录片中。2004 年 11 月 15 日，英国皇室法院颁布了《有关英格兰及威尔士上诉法院庭审录音录像试验草案》。该草案专门针对是否应允许电视摄像机进入苏格兰以及威尔士法院的问题，并由宪法事务部向社会公众广泛征求意见，但是咨询意见的结果是多数人反对在庭审中进行录音录像，所以此计划被搁浅。②

但是，英国司法对媒体公开的禁止和限制在 2010 年前后也受到了挑战，主要表现在行业自律协会提出了新的规则。2009 年，由英国司法研究委员会、英国报业协会、英国编辑协会、泰晤士报业集团共同发布的行业自律协定《刑事法庭报道限制》中用几个条文简要地进行了总结，如“不得允许当事人在案件的公开开庭审理中隐藏信息”；“不得对案件的有关合理报道发布永久或临时限制令，亦不得禁止媒体公开有关姓名、地址或其

① 参见高一飞、祝继萍：《英国庭审录音录像改革与实验》，载《青年记者》2012 年第 35 期。

② 高一飞：《互联网时代的媒体与司法关系》，http://www.sohu.com/a/74397838_119909，访问日期 2015 年 10 月 14 日。

他可能与诉讼有关的信息”。该条认为犯罪嫌疑人和被告人的信息是案件的基本内容，应当允许公开报道。①

此外，英国最高法院作出正式判例支持媒体对案件的报道。2010 年 1 月 27 日《卫报》新闻传媒有限公司诉穆罕默德·艾哈迈德·贾巴尔一案，英国最高法院撤销了涉及该案恐怖犯罪嫌疑人的“姓名保密令”的要求。判决认为：“匿名将会违背新闻规律而威胁新闻媒体的生存；没有真实姓名的审判报道将是不知所云的‘不知来源的审判’；简单地隐藏嫌疑人的身份，将使案件神秘化而给犯罪的社区留下阴影；嫌疑人自己为了实现自己的权利而可以公开自己的姓名，但为了逃避公众的监督却要求隐匿其姓名，‘掩藏在匿名的保护之下’，这种不对等的做法也是不公平的。”②

英国司法对于庭审直播的态度也开始转暖。2011 年 9 月，英国司法大臣肯·克拉克宣布摄像机将被允许进入上诉法院，不过拍摄的内容仅限于法官的宣判程序。2012 年 4 月，在大卫·戈洛伊案件的审判中，苏格兰爱丁堡高等法院允许媒体对案件的宣判过程进行摄像并在电视节目中播出。虽然这一举措已经是英国司法对庭审直播的一次“宽松处理”，但是拍摄过程毕竟仅限于宣判过程，拍摄的镜头也只能指向法官、书记员等司法工作人员，并且视频在播出前也会受到法院的严格审查，这次庭审录像的突破其实并不轻松。③

① 高一飞：《互联网时代的媒体与司法关系》，http://www.sohu.com/a/74397838_119909，访问日期 2015 年 10 月 14 日。

② 高一飞：《论媒体报道涉罪人员姓名的规则》，http://www.iolaw.org.cn/showNews.aspx?id=45709，访问日期 2015 年 10 月 14 日。

③ 高一飞、祝继萍：《英国微博庭审直播的兴起》，载《新闻与传播研究》2012 年第 6 期。

2011 年 12 月 14 日，英格兰和威尔士的首席大法官签发的《关于实时文字报道庭审情况的正式指导意见》指出："对于接受过专业培训和良好训练的记者和法律评论员，可以不需申请对庭审进行实时报道，但是不能超过司法报道的界限。而对于普通民众则需要向法院提交正式的书面申请或者非正式的口头申请，得到法官的批准后才可使用社交媒体对案件进行实时文字报道，但法院有权对其进行限制对其随时撤销许可。"①2012 年 5 月 10 日，英国司法部公布了《关于允许特定审判程序录音录像的建议》，提出英国将改变现行立法对庭审直播全面禁止的现状，并且允许在特定情况下录音录像，以作为对呼吁放开庭审录音录像呼声的回应。由此，英国庭审直播开始从全面禁止进入相对放松的阶段。

二、微博直播——英国庭审直播的重要方式

英美国家允许微博庭审直播并非指允许录音录像，而是指英美法传统上的允许旁听人员用纸和笔对庭审进行记录，也允许进行法庭素描、画像。所以在某种意义上来说，微博上的直播可以说是将文字从以纸为载体转变为以电脑、以手机为载体，且更具有实时性。

2010 年 12 月 20 日，英格兰及威尔士的首席大法官发布了《关于在英格兰及威尔士的法庭内适用推特等社交媒体实时文字报道庭审情况的临时性指导意见》（以下简称《临时性指导意见》），宣布将有条件地允许记者在法庭旁听过程中通过推特等网络工具对法庭审理进行文字直播。② 其基

① 高一飞、祝继萍：《英国微博庭审直播的兴起》，载《新闻与传播研究》2012 年第 6 期。

② 参见刘小鹏：《庭审网络直播与当事人隐私权保护的冲突与平衡》，载《法律科学（西北政法大学学报）》2015 年第 3 期。

本原则："1. 法官有义务确保司法审判顺利地进行，以避免程序受到不当干预。2. 公开审判原则是司法审判得以进行的重要保障，公平和准确地报道庭审过程是该原则的体现，当然，该原则有法定的和裁定的例外，其中两项法定的例外是法庭上禁止摄影和录音——对于摄影而言，法律是绝对禁止的，毫无自由裁量余地，即不得使用摄影功能的器材进行摄影；但对录音而言，法律并未绝对禁止，在某些情形下法官有自由裁量权。3. 法律没有强制性禁止使用实时文字通讯，故，在个案中法官在确保使用时不会给司法审判带来干预风险的情况下，方可准予为之。4. 基于此种考虑，在使用隐蔽的、手持的、安静的现代设备向外界同步报道程序时，亦不得干扰正常的司法审判。"①

根据《临时性指导意见》，在庭审中使用实时文字通信设备需要注意以下事项。第一，庭审中手机关闭依然是原则，使用手机等通信设备是例外。这种例外需要受到严格的限制，使用者只有为了对庭审进行实时文字通信才可以使用手机，使用前必须根据实际情况，向法官作出正式的或非正式的申请，在得到法官的批准和许可后才可以使用手机、小型电脑或类似设备。法官考虑是否准许使用手机的因素包括：如果获得批准后，使用这些设备是否会干预和影响司法审判的正常进行；媒体在对案件进行报道时，是否会保证情感的中立、案件事实的准确和客观公正。第二，相比较于民事诉讼，在刑事诉讼中，直播设备和媒体报道干预庭审的可能性比较大。案件的证人在向法庭提供证词前，可能已经受到庭审报道的影响，或由于他人的文字记录或录音感到拘谨；同样，陪审团成员也可能会受到推

① 肖军、张倩:《英国庭审公开制度的新发展与启示》，载《法律适用》2014年第12期。

特报道中不可采证据的影响，对案件作出错误的判断。当然，在民事和家事诉讼中，同步的文字报道同样可能会给证人带来心理和精神上的压力，分散注意力或增加顾虑，使其无法全身心投入庭审程序中。第三，即便手机、小型电脑或类似设备的使用得到了法官的批准许可，随着庭审的进行，如果法庭的正常秩序确实受到干扰和影响，或者法官认为这些设备的使用有影响庭审程序的风险，那么，法官也有权撤销此前作出的批准，禁止继续使用这些设备。第四，尽管在一定情况下实时文本通信设备的使用是可以得到准许的，法官依然有必要限制使用实时文本通信设备的媒体数量，并限制移动电子设备的使用数量，以免过多的使用会影响到法庭自身的录音设备和法庭审理的正常进行。

2010 年 12 月，威斯敏斯特治安法院举行关于“维基解密”创始人阿桑奇的保释听证会时，记者向法官申请使用推特进行实时报道，首席治安法官里德尔表示不反对，只要直播行为“安静”，并且“不干扰法庭”。但是，在之后的高等法院保释听证会上，法官 Ouseley 作出了完全相反的表示，明确禁止使用推特进行案件审理情况的报道。[①] 其实，以推特进行案件报道的方式在阿桑奇案之前就已经存在了，只是没有得到广泛的关注，也没有在正式场合对这种报道方式进行探讨。毫无疑问的是，阿桑奇案就此成了能否使用新型通信方式进行庭审报道，进而引发广泛讨论的导火索。因为在此之前，几乎所有的法律和判例涉及的仅仅是一般情况下不允许在庭审过程中录音、录像，关注点集中在录音、录像等传播媒介上，未曾涉及发送实时通信这一新形式。

---

① 参见肖军、张倩:《英国庭审公开制度的新发展与启示》，载《法律适用》2014 年第 12 期。

2010年12月21日，英国利兹刑事法庭允许记者使用推特对一起谋杀案的审理进行了实时报道。

根据英国广播公司2011年1月26日的新闻，苏格兰法院在谢里登案中首次允许记者使用推特对案件的庭审情况进行报道。在苏格兰格拉斯哥高等法院审理前社会党主席汤米·谢里登伪证罪案件的庭审过程中，主审法官允许在场旁听的媒体记者在审判时发送推文，主审法官的这一许可被认为是苏格兰司法历程的巨大进步，预示着“苏格兰司法系统进入了21世纪”。①

在《临时性指导意见》签发之后，英国社会公众对于以推特方式报道法庭审判活动进行了激烈的讨论，在此背景下，英国最高法院于2011年2月3日制定了《在法庭内使用推特等实时文字通信的指导意见》，允许记者、公众和法律团体利用社交媒体对庭审情况进行文字报道，原因是最高法院的案件通常无关于证人与陪审团的互动，但是限制报道的案件、儿童福利的案件及诉讼过程的发布会使正在进行的陪审团审判发生偏见的案件除外。②在该指导意见中，最高法院的院长法官指出，通信技术的快速发展已经是不争的事实，这对于司法系统来说既是机遇也是挑战。其中，一个不容置疑的好处就是普通民众对案件的兴趣可以根据定时更新的报道得以提高，并且有助于民众更充分准确地了解案情。

2011年2月7日至2011年5月4日，针对2010年12月20日签发的《临时性指导意见》，英格兰及威尔士的司法机关向社会公众广泛地征求意

① “Sheridan sentencing is Scottish courts Twitter first”, http://www.bbc.co.uk/news/uk-scotland-glasgow-west-12284396, 访问日期2015年11月14日。

② 参见高一飞、祝继萍:《英国微博庭审直播的兴起》，载《新闻与传播研究》2012年第6期。

见，并在咨询意见稿中提出了六大问题。第一，在法庭上，使用社交媒体进行实时文字报道是否有必要。第二，在什么样的情况下，法庭可以批准使用社交媒体进行实时文字报道。第三，在法庭上使用社交媒体实时文字报道可能存在哪些风险。第四，不同社交媒体实时文字报道引发的风险是不同的，法院应该准备不同的方案去处理不同类型的风险。第五，允许在法庭上使用社交媒体实时文字报道与禁止在法庭上使用手机之间存在事实上的矛盾，这种矛盾法院将如何处理。第六，可以进行实时新闻报道的范围主要限定于媒体，如何进一步确定媒体的范围；如果除了被正式认可的媒体以外的其他人在法庭上使用社交媒体进行实时文字报道，这种行为能否被许可。①

在广泛地征询了法官、检察官、律师、媒体从业人员和相关公众等不同群体的意见后，英格兰及威尔士的首席大法官又于 2011 年 12 月签署了《为公平和准确报道在法庭上适用实时文字通讯（包括推特）的实践指引》（以下简称《实践指引》)。《实践指引》取代了《临时性指导意见》并即时生效。与《临时性指导意见》相比，正式的《实践指引》在内容上作出了较大的调整和修正。法院认为媒体记者和法律评论员已经受到过良好的专业技能训练，一般不会超出法院限定的报道界限，不会对正常的司法活动和庭审秩序造成干扰。所以，记者和法律评论员无需申请即可直接对庭审活动进行实时报道。普通民众则需要提前向法院提出正式的书面申请或非正式的口头申请，在得到法官的批准后才可以使用社交媒体进行实时文字

① 参见高一飞、祝继萍:《英国微博庭审直播的兴起》，载《新闻与传播研究》2012 年第 6 期。

报道。[1] 同时，考虑到个案的实际情况，尽管已经作出社交媒体的使用许可，如果法院认为实时的文字报道可能会对案件的证人、陪审员造成消极影响，而且使用过多的移动电子设备会干扰法庭自身设备的使用，影响正常的法庭秩序，法院依然有权随时撤销许可并再次限制社交媒体的使用。

综上所述，正式的《实践指引》和《临时性指导意见》有两点不同。第一，法官在正式的《实践指引》中作出了一个假设——媒体记者和法律评论员不会给正常的司法审判带来干扰，而这个假设是否成立很值得推敲。第二，其他人员的实时文字报道的申请是否被允许，主要依据的是使用社交媒体给司法审判带来干扰的可能性。一言以蔽之，法官决定是否允许实时文本通信的最重要标准是，行为是否会干预到司法审判的正常进行。

三、摄像机进入法庭的坎坷路程

在英格兰和威尔士，呼吁摄像机进入法庭的声音逐渐高涨。在苏格兰，1992 年之前，同样禁止电子媒体设备进入法庭。不过在 1992 年 8 月 5 日，时任苏格兰最高法院院长的霍普大法官制定了《苏格兰法院庭审录音录像的基本指导规则》。该规则的主要内容是，一审程序不允许录音录像，庭审录音录像仅限于上诉案件；庭审录音录像必须经过严格的审批程序，需要得到法庭和所有当事人的同意和许可；可以以电视新闻或纪录片等形式对庭审进行报道。2012 年 2 月，英国三家最大的媒体 BBS、INT 和 Sky 联合给英国首相写了一封提议信，希望立法机关能够尽快制定新的法

---

① 参见高一飞、祝继萍：《自媒体庭审直播的规则》，载《电子政务》2014 年第 6 期。

律来允许摄像机进入法庭。2012年5月9日，英国女王在新一届议会的开幕仪式上作出了精彩演讲，提出法院和法庭系统将要开始改革，改革的主要目的是提高司法的效率和透明度，并丰富司法多样性。在英格兰和威尔士地区，在有限制条件的前提下，可以允许对法庭进行录音录像以帮助社会公众了解司法活动和审判程序。尽管录音录像的使用仅限于上诉法庭，而且不得对被告人和证人进行拍摄，但这样的改革依然意味着英国在司法公开的道路上又迈出了一大步。

2013年10月28日大法官Chris Grayling签署的《上诉法庭（录制和播出）令》对传统通信手段进行报道庭审的规定作出了一些改变。该法令给“播出”和“录制”设置了明确的行为限定，“播出”是指将庭审记录向公众传播，“录制”是指视觉上和听觉上的记录。法官在适用《上诉法庭（录制和播出）令》第5–7条关于“录制”的条款和第3–11条关于“播出”的条款时，1925年《刑事司法法》第41条（“禁止拍摄”事项）和1981年《藐视法庭法》第9条（“使用录音记录”事项）这两项规定不再适用。《上诉法庭（录制和播出）令》第5条对录制适用的具体情况作出了规定，具体包括:（1）上诉案件［根据1968年《刑事上诉法》第12条、第15条、第16A条提出的，或针对2003年《法院法》第75（3）条规定的家事诉讼裁定提出的除外］;（2）总检察长的参考意见（1988年《刑事司法法》第36条）;（3）检察官提出申请的案件（2003年《刑事司法法》第10部分）;（4）允许申请上诉的案件（根据1968年《刑事上诉法》第12条、第15条、第16A条提出的，或针对家事诉讼的裁定除外）。第6条规定，在一方当事人没有法定代表的庭审中，录制仅适用于以下特定情况:（1）某一名法定代理人发表意见;（2）某一名法定代理人与法庭之间交流;(3)法庭作出判决。第7条规定，录制仅适用下列人员:(1)大法官书面同意录制庭审的人;(2)签有版权可以报道大法官庭审的人(代表官方)。第8条规定，只有根据第5条、第6条、第7条获取的录制材料才能播放。第9条规定，基于定罪的上诉案件中，在同意定罪上诉的申请或检察官根据2003年《刑事司法法》第10部分提出上诉的申请时，除非法庭允许，否则不得播出庭审的录制材料。第10条规定，播放不得违反任何可适用的关于报道的限制。第11条规定，对庭审进行播放的报道或简报必须公正和准确，并且考虑到报道或简报的整体性以及关联性(尽量交代背景)。播放不得基于以下目的:(1)宣传政党;(2)广告或促销;(3)轻娱乐;(4)讽刺。[①]

《上诉法庭(录制和播出)令》的生效，意味着“不允许拍摄”的禁锢被打破。虽然这份法令的规定范围仅限于上诉案件的庭审，还不能作用于全部的案件，但是，至少在某种程度上庭审的过程能够更加公开。在庭审活动的录制过程中，法令详细规定了适用的案件类型、录制的时机、适格的人员等具体内容。在录制结束后，所录制视频的播出依然需要符合法定条件，法令一并提出了播出的要求且限制了案件类型和目的，只有符合这些条件，媒体录制的视频影像才可以被播出。

英国庭审录音录像发展的20多年时间里，形成了一系列的规则体系，这些规则集中体现在英国司法部《关于允许特定审判程序录音录像的建议》中，具体包括：庭审录音录像的过程中，不能对被害人和证人进行拍照、摄像和录音，必须保障被害人、证人和陪审员的权益；法院享有是否

① The Court of Appeal(Recording and Broadcasting) Order 2013.

允许庭审录音录像的绝对自由裁量权；庭审录音录像的主体只能是获得授权的记者；通过庭审录音录像取得的视频音频资料的使用，也要受到严格的限制。

第三节　日　本

一、日本庭审直播制度的曲折发展

作为与美国和英国所代表的英美法系对应的大陆法系的代表国家，日本在庭审直播上的态度还是比较苛刻和严厉的，并且也经历了从容许到禁止、再到有条件限制的过程。1946 年，日本在第二次世界大战之后颁布了《日本国宪法》，第 82 条明确规定了保障审判公开，媒体根据这项规定可以在法庭上进行自由取材和报道。但是这一宽松时期很快就结束了，随后庭审直播进入了取材限制时期。1950 年 1 月 1 日，日本颁布的《刑事诉讼规则》第 215 条规定："不经法院许可，不允许在公开法庭上进行拍照、录音和播放，但是特别情况不在此限制之列。"鉴于此规定，东京法庭仅允许开庭前 5 分钟拍照，开庭之后仅允许代表摄像师留在法庭继续取材。

在此之后，日本法院对于庭审直播不仅没有给予宽松的态度，反而更加严厉，日本庭审直播进入了禁止拍照时期，主要原因是日本接连发生了一系列安保和劳动案件，法庭上的秩序一度十分混乱。1953 年 1 月，刑事法官联席中央会议发表了禁止在庭审期间拍照的统一见解，唯一的例外是在法官认为有必要且当事人无异议的情况下，但是也只能在开庭前拍照。在此期间，法官中央会议召开之时，都会对这一问题反复讨论。遗憾的是，在法官讨论之后，这一时期的趋势依然是允许拍照的法院逐年减少，禁止拍照的法官占绝对多数。

二、《北海时代》杂志事件

上述严厉的规定所造成的庭审直播极端矛盾冲突在《北海时代》杂志事件中爆发。1953 年，北海道的钏路发生了一起杀人案，在钏路地方法院开庭审理前，法庭的书记员曾向媒体发出了如下通知：本日公开审理的案件，只能在法庭审理之前进行拍照或者拍摄，当裁判官入席开始审理之后，不允许在法庭内拍照或摄像。庭审开始之后，《北海时代》杂志的记者不顾上述通知和审判长的制止，对被告人进行了拍摄。最终这名记者受到了法院工作人员的处罚，但是其以《日本国宪法》第 21 条关于言论自由和取材自由的规定为依据主张自己不应受到处罚。案件最终上诉到最高法院，最高法院在判决中认为，真实的新闻报道和相关的取材活动属于宪法表达自由的保护范围，但是，这种表达自由不能被滥用，必须受到公共利益的约束，进而判决《刑事诉讼规则》第 215 条授权法官享有是否允许在法庭内拍照的自由裁量决定权并不违反宪法。法庭辩论以及判决需要公开进行，是保障审判公正的必要手段。如果为了新闻报道的取材活动而妨碍了法庭正常的审理秩序，并扰乱了被告人和其他诉讼机关的正常活动，就有必要禁止这些取材行为。《北海时代》杂志的记者所掀起的这阵波澜并没有为庭审直播在司法实践中创造更大的发展空间。[①]

此后的很长一段时间，日本法院都严格限制在庭审中进行摄像活动，一般的法院根据法官对案件的自由裁量权仅允许媒体记者在开庭前几分钟进行拍照，新闻界开始出现越来越迫切的放宽这种严格限制的要求。基于法官的自由裁量，日本的一些法院曾经出现过极少数法官允许摄像的情况。例如，1961 年 9 月“松川事件”的上诉公开审判中，仙台高等法院允许媒体在开庭前 15 分钟入庭，审判长则提前两分钟入庭；记者可以从开庭前 10 分钟到 1 分钟，在旁听席后方或左右两侧拍照。尽管拍摄新闻报道的照片需要使用闪光灯，但电视新闻不能携带照明设备。1964 年 2 月，名古屋高等法院的吉田石松再审案进行了日本司法历史上的首次庭审直播。但上述案件只是极少数的例外情况，整体上，日本法院对法庭内摄像拍照的严格限制并没有放松。

1982 年 10 月，富山地方法院在对一起连续诱拐杀人事件进行现场取证时，再次拒绝了日本新闻协会编辑委员会的电视取材申请。“最高法院事务总长认为，虽然庭内摄像问题应当由法官的自由裁量决定，但需要遵循以下主要原则：第一，应当最大限度地保护不想被拍照或摄像的被告人心情和权利；第二，只要法庭内安装相机，就会造成法官心理紧张，进而对审判造成负面影响。编辑委员会的代表干事则认为，在信息化越来越发达的社会背景下，严格限制法庭内的照相取材是无视报道对当今社会所发挥的重要作用。法院限制报道的理由是保证审判公正、确保被告人的权利，但是这些理由和已经确定取材伦理的日本新闻报道自由并不矛盾。为了解决这些问题，

① 奥平康弘『ジャーナリズムと法』，東京新世社（1997 年）。

报道机关完全可以自主制定取材标准，并和法院协商决定取材方式。”[①]

三、“法庭笔记案”引起庭审摄影拍照禁令的松动

法庭禁止摄影拍照的僵局直到1989年的“法庭笔记案”才被打破，“法庭笔记案”的主要焦点在于旁听者是否可以在法庭上做笔记。美国律师雷贝塔为了研究日本的证券市场及相关法规政策，到东京法院参与一起公开审判的违反所得税法案件的旁听，并向法庭先后提出7次申请，要求法官允许自己在法庭上做笔记。在此之前，旁听者在庭审时做笔记是被日本法院明确禁止的。日本《刑事诉讼法》第288条第2款和《法院法》第71条均对审判长享有法庭管理权的事项作出了规定：如果法庭上的不当行为影响了法院职务的执行，审判长有权对其采取一定措施以维护法庭的秩序。该案的审判长认为，在一般情况下旁听者在法庭上进行记录是被禁止的，所以不允许雷贝塔做记录。雷贝塔认为法院禁止自己做笔记的决定违反了《日本国宪法》第21条（表达自由）、第82条（审判公开）和第14条，以及《刑事诉讼规则》第215条，并要求依据《国家赔偿法》第1条第1款获得损害赔偿，但一审法院和二审法院都驳回了他的诉讼请求。一审判决认为：“按照日本国宪法第21条的精神，接收情报的自由和收集情报的自由可以基于派生原理而受到一定程度的保障，但是在法庭上做笔记的行为仅能被理解为‘补充行为’，因而不受宪法保障。”二审判决也持类似的观点，认为记录自由并不是不受限制的，而应当被置于“维护公正和顺利的诉讼过程”之下。雷贝塔对两份判决均表示不服，最后以《日本国

① 魏晓阳：《日本庭审报道的取材自由及其法律边界》，载《国际新闻界》2012年第3期。

宪法》第 82 条第 1 款、第 21 条第 1 款为由，向最高法院提起了上诉，但仍被驳回。

最高法院认为，虽然宪法第 82 条第 2 款规定了公开审判，从而在制度上保障了庭审公开，每个人都可以旁听审判，但是这并不等于每个人都有权利向法院要求旁听，也并不意味着法院有义务保障或容忍旁听人在庭审时做笔记。此外，最高法院也认为，如果法庭记录的目的是吸取各种意见、知识和情报，并对人们记忆法庭上的见闻有帮助，便应当参照宪法第 21 条第 1 款的精神受到尊重，而不应受到禁止。如果法庭记录的自由与其他人权或公共利益存在冲突，那么就应该受到一定程度的合理限制，因为它与宪法第 21 条第 1 款保护的表达自由还是存在本质区别的。在法庭审理过程中，高效和公正的审判是最重要的，也是最应该受到尊重的。与旁听人做笔记相比较，诉讼程序的公正顺利是更加重要的法益。如果旁听人做笔记的行为已经或可能妨碍到司法公正或法庭程序的顺利进行，那么它理所应当受到限制甚至禁止。[①]

值得注意的是，日本法学界的主流观点将所有与传递情报相关的活动均视为表达自由的范围，因而情报的提供、接收、收集以及请求政府公开信息等行为都应当被视为表达自由而受到保护。但是，最高法院并没有全部接受这一观点。在“法庭笔记案”的判决中，最高法院没有将做笔记的自由归属到宪法第 21 条第 1 款所保障的表达自由之中。受到该判决的影响，日本法院此后便开始允许旁听人在庭审时做笔记。“法庭笔记案”虽然以美国律师雷贝塔的败诉告终，但案件产生的积极意义和对司法实践的

① 昭和 62. 12. 25 判时 1262 号 30 页。

影响已经远远超出了案件本身的结果。

就在最高法院对“法庭笔记案”作出判决的当日，日本的法院均撤销了禁止在法庭上做笔记的公告。在此之后，日本最高法院事务总局也向全国地方法院、高等法院发出了允许旁听人在法庭上做笔记的通知。因此，本案的判决虽然在结论上驳回了原告的请求，但实际上却推动了法院解除一般旁听人不得在法庭上做笔记的限制的进程。

最高法院肯定了在法庭内做笔记的自由后，开始重新探讨如何调整法庭秩序和公民知情权之间的紧张关系。1991 年 12 月，最高法院和司法记者俱乐部公布了《法庭内摄像取材的运用标准》，规定从 1992 年开始对法庭内的摄像取材采取许可制。该文件详细规定了具体的取材要求，其中包括摄像器材、代表取材、摄像人员、摄像时间、被告人在庭、摄像对象、摄像位置，以及如何处置违反条件的摄像等问题。[①] 这项文书表面上在立法层面对庭审摄像进行了明确的法庭准入机制，但是实际上是否可以进行庭审直播和到底可以在哪些环节进行庭审直播的决定权依然归法官所有，法官利用手中的自由裁量权，依然可以对某些敏感案件的摄像予以拒绝。换句话说，日本虽然允许庭审直播，但是庭审直播的决定权由法官掌握。

无论是在地方法院、高等法院还是最高法院的法庭内进行摄像，原则上都必须提前两日向法院提出申请。法院或审判长有权根据事件的性质、内容等因素，综合考虑后作出是否允许在法庭内摄像取材的决定。由于是否允许在法庭内摄像拍照的决定由各法院自行作出，每个法院原则上都可以不允许在法庭内拍照取材，或者在允许的同时限定媒体拍照摄影器材的

---

① 魏晓阳:《日本庭审报道的取材自由及其法律边界》，载《国际新闻界》2012 年第 3 期。

使用条件。但是，在现实中，如果媒体向法院提出申请，一般都能获得批准。如果申请摄像取材的媒体过多，法院会进行数量上的控制，报纸、通讯社、广播公司需要共同协商选出代表进入法庭摄像。每一位代表和摄像辅助人员可以携带一台便携操作的小型摄像机、一台备用小型摄像机和一台视频摄像机作为摄像器材，照明器材、录音器材和直播器材被禁止使用。媒体在进入法庭后，仅可以在旁听席后部的审判长指定区域进行摄像，在该区域内可以自由选择或变化摄像位置。在刑事案件中，只能在被告人不在庭时进行摄像，媒体的拍摄对象主要局限于进入法庭的法官和当事人，不得拍摄除法官之外特定人物的特写放大照片，或以旁听席的特定旁听人作为拍摄对象。媒体摄像有严格的时间限制，一般仅限于从法官进入法庭到全体法官入席后宣布开庭的几分钟内。正式进入庭审程序之后，各种拍摄活动必须停止。[①]

从这一点来看，日本的庭审直播与一般意义上的庭审直播是有本质差别的，更像是审理程序开始前对法庭的取景拍摄。只要庭审开始之时，审判长、法官或法院相关的工作人员对媒体拍摄人员发出停止拍摄的指令，拍摄人员就必须立即停止拍摄并离开法庭。如果媒体的拍摄人员违反法定的限制条件，或违反审判长命令进行取材行为，审判长或法官有权根据法律授予的职权命令其在一定时间内禁止取材或采取其他必要的强制措施。

---

①魏晓阳:《日本庭审报道的取材自由及其法律边界》，载《国际新闻界》2012年第3期。

第四节 国际准则与其他国家

一、国际条约中的规定

《世界人权宣言》第10条规定:“人人完全平等地有权由一个独立而无偏倚的法庭进行公正的和公开的审讯,以确定他的权利和义务并判定对他提出的任何刑事指控。”《公民权利与政治权利国际公约》第14条第1款规定:“在判定对任何人提出的任何刑事指控或确定他在一件诉讼案中的权利和义务时,人人有资格由一个依法设立的合格的、独立的和无偏倚的法庭进行公正的和公开的审讯。”《欧洲人权公约》第6条第1款规定,一般情况下,法院听审应该公开进行。但是,“为了道德、公共秩序或国家安全,或者为了青少年的利益或需要对当事人的私生活进行保护,或者在严格适用范围内,于某些特殊的情况下,就法院看来相关公开行为可能会损害司法利益的时候”,可以将新闻界和公众排除在审判过程之外。《美洲人权公约》第8条第5款规定:“除非为了保护司法利益的需要,刑事诉讼应当公开进行。”

1994年世界刑法协会通过的《关于刑事诉讼法中的人权问题的决议》第15条规定:“大众传媒对法庭审判的报道,必须避免产生预先定罪或者感性审判的结果。如果预期可能产生这种影响,可以限制或者禁止无线电台和电视台播送审判情形。”这项规定虽然赋予了大众传播对法院庭审的参与和报道的权利,但是出于社会效果和大众心理的考虑,也对其作出了限制和例外性规定。

1994年的《关于媒体与司法关系的马德里准则》第5条和第6条指出：“基本规则并不排除对因私人原因而进行的调解与协商过程的录音、录像。基本规则并不要求有对庭审过程现场直播或者录像的权利。”虽然准则赋予了媒体在调解协商过程中直播或者录像的权利，但是对于在审判流程中占有更大比重的庭审环节，媒体依然没有被赋予庭审直播和录音录像的权利。积极地讲，能在调解协商环节进行现场直播和录音录像也是大众传媒在司法实务中参与程度加强的表现，也算是一大进步。虽然该准则只是一项区域性条约，我国并没有参与制定，也没有批准加入，在我国不具有法律渊源的地位，但是从国际角度说，这项准则自然有其历史进步性。

2002年7月生效的《国际刑事法院罗马规约》第57条第3款规定：“预审法庭在必要的时候，下令保护被害人和证人及其隐私。鉴于侵犯被害人的隐私可能给其安全造成危险，法庭应慎加控制询问证人和被害人的方式，以避免任何骚扰和恐吓。”[①] 笔者认为这条规定也为可能侵犯被害人和证人隐私权或其他权利的庭审直播行为提供了规制的法律基础。对于可能对被害人、证人心理造成紧张压迫影响的庭审直播行为，法官可以据此规定进行限制甚至拒绝。在媒体职业道德的制约方面，国际法学家协会官员认为，道德准则一般应包括以下内容：（1）公平地进行批评性报道；有责任纠正错误；不能发布误导性图片。（2）对批评性的报道和评论提供回答的机会。（3）对事实进行现场而真实的报道。（4）尊重隐私。（5）应当

① 参见冯红菊：《国际刑事法院被害人保障机制及其借鉴》，载《昆明理工大学学报·社科（法学版）》2008年第1期。

区分事实与评论。(6)不能因种族、国籍、宗教、性别而产生歧视和挑起仇恨。(7)不能以不诚实的方式获取信息。(8)不能对人造成危险。(9)应当具有通常的庄重姿态和鉴赏标准。(10)不能泄露秘密的消息来源。(11)不能对被告人进行有罪预断，对于已经解除起诉或者被判无罪的人，不能发表其以前的控告与有罪判决的资料。[①]

二、其他国家

和英国类似，法国对庭审直播的态度经历了从绝对禁止到相对允许的转变过程。1958 年制定的法国《刑事诉讼法》第 308 条明令禁止对庭审活动进行录像。[②] 自开庭时便禁止使用录像机、照相机、电视等任何录音和放映设备。这种全面禁止的情形因 1985 年 7 月设立的《法律视听档案规则》而告终。《法律视听档案规则》旨在规定在上诉法庭第一院长听取“视听档案委员会”的意见后，可以批准在庭审辩论中使用电视，将庭审中是否录像的决定权交至庭审档案委员会手中。

意大利《刑事诉讼法典》第 582 条规定：“如果需要宣读以速记方式制作的庭审笔录或者需要听取或观看法庭审理的录音和录像，法官中断评议并且在合议室中进行有关活动，受委托进行记录的助理人和技术人员也应该参加该活动。”在这条规定中，可以间接看出意大利是允许在庭审中进行录音录像的，但是对于庭审直播并没有给予肯定性许可。

《德国法院组织法》第 169 条规定：“在法庭上进行的程序，包括宣布

① 高一飞：《国外的庭审直播》，载《方圆》2016 年第 16 期。

② 余叔通等译：《法国刑事诉讼法典》，中国政法大学出版社 1997 年版，第 123 页。

判决和判令，都是公开的，无线电和电视传送以及后来传播其内容用的录音和拍片，均不允许。”由此可见，德国对于庭审直播、录音录像是采取绝对禁止的态度。1964 年德国巴登—符腾堡州的《新闻法》第 4 条规定：“当咨询的提供会造成使现行未定的程序加快、困难、迟误或危害时，或违反保密规定，侵犯重大公益或值得保护的私人利益时，或已达到过分的程度时，相关人员可以拒绝提供。”

加拿大在 20 世纪 90 年代中期就普及了电视庭审直播，并在 2009 年开始了网络直播。加拿大也曾对媒体参与司法持禁止态度，推行禁止媒体报道案件的“出版禁令”。但是，随着电子媒体的发展和网络的普及，司法者慢慢意识到，出版禁令的实际功效在减弱，最终，司法禁令被停止。1993 年，安大略法院对一起轰动一时的谋杀案发布了禁止令，禁止通过纸面媒体报道该案件。但是，美国记者对案件的审判进行了采访和报道，加拿大人通过使用电子媒体很轻松地绕过禁令。这一案件表明，“人们可以在虚拟世界中得到信息，警察尝试关闭电子媒体报道的努力是不现实的，要禁止在互联网上发生的讨论，也是不可能的”①。加拿大出版禁令遇到的最大的现实问题是很多加拿大人可以进入美国媒体。因此，1994 年，加拿大最高法院开始限制出版禁止令的使用，加拿大最高法院的一份判决指出：“在这个全球电子化的年代，通过出版禁令防止陪审员偏见的实质作用在减弱。”

巴西对庭审直播持十分积极的态度，不仅在 2002 年就开始推行包括电台直播和电视直播两种形式的庭审直播，还设有专门用于庭审直播的司

---

① 高一飞著：《媒体与司法关系研究》，中国人民大学出版社 2010 年版。

法电视频道和司法广播电台。[1] 巴西庭审直播的特别之处在于，允许直播法官们的评议过程。这是世界上绝大多数国家所没有的。

第五节 其他国家和地区庭审直播形式总结

一、各国（地区）的庭审直播都普遍经历了曲折发展

就庭审直播而言，外国的起步要比我国早。而大陆法系和英美法系对庭审直播的态度也完全不同，甚至同属于英美法系代表国家的美国和英国也有很多不同。美国作为世界上最早进行庭审直播的国家，对庭审直播的立法和实务操作的经验最为丰富，其最早进行庭审直播的判例可以追溯到1917年，远远早于世界上其他国家。但是庭审直播在美国的发展也不是一帆风顺、一蹴而就的。庭审直播所对应的社会公众知情权和监督权，与美国庭审一直追求的程序正义和当事人的隐私权在价值选择上有所冲突。所以，在司法实践的发展中，实务界和法学界一直在进行权衡和思考，庭审直播在美国也理所当然地经历了从繁荣到被禁止的过程。但是社会公众的知情权、监督权与当事人的隐私权、获得公正裁判程序的权利也并不是非黑即白，非此即彼的关系。两者对于审判程序的公正都具有一定的价值，

① 参见何家弘、王燃:《法院庭审直播的实证研究》，载《法律科学（西北政法大学学报）》2015年第3期。

所以在庭审直播被禁止以后，美国的联邦法院和州法院也一直进行着研讨，并于20世纪70年代、90年代和2011年先后三次进行庭审实验，以取得发展上的突破和更为广阔的生存空间。遗憾的是，前两次庭审实验并没有取得明显的实质效果，第三次庭审直播的效果也在持续观望中，但是不可否认的是美国的庭审直播还是进入了回暖阶段，美国也有了专门的电视频道进行庭审直播。相比之下，同处于美洲大陆的巴西对庭审直播却保持着更为热情的态度，不仅有专门的电话频道进行庭审直播，还成立了专门的司法广播电台。相较于美国和巴西，其他主要国家对庭审直播采取了近似相同的态度，在庭审直播的发展上都大致经历了从全面禁止到相对放开的过程，并且所谓的相对放开，也只是将是否采用庭审直播的自由裁量权放置在审理具体案件的法官手中，所以从媒体的角度来说，想进行庭审直播还是要受到法院的限制和许可。

世界各国的庭审直播无论起步早还是晚，态度是支持还是反对，都在数十年的实践中形成了迎合时代发展、适合本国司法实践的庭审直播的方法，这些都对庭审直播的实现起到了重要作用，诸如电视直播、网上直播、微博直播等方法如今日益普及，并成了连接法院和社会公众的桥梁和纽带，对于公众了解法院的审判工作和过程具有重要的意义。每一种方法都有其产生、存在、发展的原因和背景，但是它们同样面临着固有的缺陷和需要解决的“瓶颈”，对每种庭审直播的方法和媒介进行理性分析和考量，对于我国庭审直播的进一步发展具有指导和借鉴意义。

二、庭审直播得到普遍许可

自1917年美国率先开始有关于庭审直播司法实践的大讨论之后，至今已经过去一个世纪了。在这一个世纪的时间里，美国、英国、日本、法国、德国等两大法系的代表性国家都在不同程度上实现了庭审直播的审判程序准入化。虽然每个国家因为传统法律观念、程序正义的价值取向、法律制度的差异导致庭审直播从萌芽到兴盛的过程大有不同，但是各个国家针对庭审直播的立法模式以及直播形式的演进都是不可忽视的。纵观世界各国，庭审直播的普遍容许和方式多样化成为趋势，而这种趋势产生的原因，应归结于以下两个方面。

原因之一是现代电子科技和大众传媒的发展在庭审中的广泛运用。伴随网络技术的发展，出现了即时通信技术，也为庭审直播创造了可能。即时通信是指能够即时发送和接收互联网消息等的业务。从1998年起，即时通信的功能日益丰富，逐渐集成了电子邮件、博客、音乐、电视、游戏和搜索等多种功能。目前，即时通信已经发展成集交流、资讯、娱乐、搜索、电子商务、办公协作和企业客户服务等为一体的综合化信息平台。[①]一方面，庭审直播设备发生了变化。传统设备如摄像机、照相机等的体积都在逐渐减小，操作过程中的灯光、声音也在逐渐减弱、减小，并且图像、视频的质量也大大提高；此外，带有拍照、录像等功能的智能手机、手提电脑、平板电脑等也开始用于庭审直播。另一方面，庭审直播的方式也逐渐发生变化，网络庭审直播开始兴起，传统的报纸、电视等媒体都开始发展相应的网络发布平台，尤其是博客、推特等网络社交平台也开始进入庭审直播领域，为庭审直播拓展了新的空间。[②]由此可见，传统录音录

---

①参见百度百科，即时通信词条：http://baike.baidu.com/link?url=VWsB8cTbZiEHgo8GifJhTyhUTqPRjSdUnifzDqsGnNSwcHaoNjLduAvW7SXuYqd53qtUyRr3T6w9pl7v0p00Aq，访问日期2015年11月14日。

②参见王燃：《美国庭审直播制度》，载《国家检察官学院学报》2015年第2期。

像设备比较笨重、不便移动、闪光灯干扰等问题已经被高新的科技产品所解决，庭审直播设备正在向技术化、精尖化的趋势迈进。

原因之二是各个国家普遍认同增强庭审情况的传播程度。所谓庭审直播，就是将庭审中的内容和情况通过一定的方式使没有参加庭审程序的公众知晓。庭审中的内容可以分为原始内容和加工内容，两者应该是对立和排斥的关系。而原始内容又可以分为严格意义上的原始内容、较为宽松意义上的原始内容以及最为宽松意义上的原始内容。所谓严格意义上的原始内容，应该是经过庭审同步直播形式获得的庭审素材，而庭审同步直播，在现实情况下几乎不可能达到。较为宽松意义上的原始内容，是通过延迟直播形式获得的庭审素材。

如果用比较通俗的文字对同步直播和延迟直播进行区分，所谓同步直播就是与录制内容完全没有时间间隔，庭审中发生的任何事情，立刻就会展现在观众的眼前，有些类似于目前聊天软件中的网络视频通话或者监视器的功能。而这样的同步直播目前在庭审中很难实现，如前所述，对于庭审情况的拍摄工作，有的国家由媒体负责，然后将获得的影音资料在电视台播出，有的由法院自行拍摄，在法院的官方网站上进行播放。而不管是电视台等媒体的拍摄还是法院自行拍摄，想要进行完全无延迟的同步直播都是十分困难的。

为了更直观地理解同步直播，可以我国的情况举几个例子。目前在全国乃至全球都极具影响力的中央广播电视总台（原中国中央电视台）春节联欢晚会一直都是以现场直播的方式进行的，原因在于晚会现场可以与全国观众乃至全球华人一起迎接农历新年的到来，辞旧迎新。但是央视的直播也存在着几十秒左右的延迟，也就是说观众在电视上所看到的其实是几十秒钟以前的画面，原因在于为了保证直播效果，如果现场出现演员失误，导播可以在第一时间发现并且做出剪切、改用备播带的紧急处理，以达到尽善尽美的视觉听觉感受。当然，随着直播技术的发展，这种延迟时间会逐渐缩短，近几年央视春节联欢晚会的总导演在接受采访时也表示春晚已经实现了零延迟的直播。如果能实现零延迟，观众所看的直播画面就是没有进行后期加工处理的严格意义上的影音素材。又如，浙江卫视《中国好声音》节目的年度总决赛的同步直播，其实也是延迟直播，观众看到的是几分钟之前的画面。可见，具备电视直播技术的电视台都不能做到无延迟的庭审直播，法院网站的直播画面也是延迟直播，直播画面里面的素材即为较为宽松意义上的原始内容。[①] 所以说延迟直播是具有一定客观局限性的产物，也是直播技术发展中不可避免的问题，只要能够保证庭审的内容不被篡改剪辑，只是时间意义上的推迟，这种较为宽松意义上的原始内容是可以客观表现庭审中发生的各种情况的，毕竟严格意义上的原始内容是很难获得的。

最为宽松意义上的原始内容，即为电视台或者法院对庭审情况进行录像之后，通过电视频道进行播出或者上传至法院官方网页进行点播。但是这种情况与公众认知的直播已经有很大的区别，更偏向于录播。这种录制后播出的视频材料，由于庭审的发生与公众的收看本身存在一定的时间差，也不排除电视台或者法院基于庭审效果或者司法公信力等因素进行资料整合，所以这些影音素材不能做出较大的改动，要保持庭审情况再现的

① 笔者在本书中对于原始内容的论述，如无特殊强调，即为较为宽松意义上的原始内容或最为宽松意义上的原始内容。

流畅清晰和较高程度的准确性、完整性，公众在观看视频后，能够对庭审的情况有客观清楚的了解。如果进行了较大程度的删减，即应划为下文介绍的加工内容的范畴。

所谓加工内容，可以分为机械加工和感情加工，不管是哪种加工，其实都对庭审的真实情况做出了一定的改变和处理。庭审是在相对确定的时空内不间断进行的客观事实，所以对庭审内容的再现，必须包括声音和图像双重内容。如果仅表现两者之一，或者表现庭审中不完整的一部分，或者不是用记录的方式将庭审情景再现，而是用主观描述的方式让案外人了解庭审事实，这些关于庭审事实的素材都属于加工内容。所以加工内容包括对庭审情况的片段录制或者剪辑过的视频，庭审中选取角度拍摄的照片，画家根据庭审现场所做的简笔画，庭审现场的人对于庭审情况的文字描述，等等。这些素材要么是加入了创作者自己的主观想法，客观性降低，要么是反映的事实不完整全面，可信度降低。

所以，前文中所提出的庭审直播得到普遍容许、增强庭审的传播力度，在传播信息从加工内容到原始内容的重大转变中得以实现。庭审直播刚刚萌芽的阶段，法院采取的直播手段往往是文字介绍、照片拍摄或者简笔绘画，不能达到音画同步、信息全面准确的要求。而现在很多国家的法院都允许现场录音录像，通过电视节目或者法院网站进行播放，实现了社会公众对于庭审现场完整的认知。

三、其他国家和地区庭审直播的主要形式

庭审直播的客体主要是法院的案件审理过程。庭审直播的主体，从各个国家的法律规定和实务操作上来说，可以有法院本身、电视媒体、平面

媒体、律师、旁听者等。从主体角度进行划分，法院将自己庭审的情况向社会公众直播公示属于主动性公开，通过媒体、律师、旁听者在庭审过程中将案件的进程向社会发布属于被动性公开。而这两种公开方式也不能一概而论，或者说完全泾渭分明，因为在很多案件中，媒体的摄影录制过程得到了法院的许可，或者法院委托媒体对案件的庭审情况进行拍摄报道，这种情况下媒体的公开又应该划入主动公开的范畴。所以，考察域外的庭审直播形式，可对其作如下划分。

（一）以法院为主体的庭审直播方式

根据各个国家的立法操作，法院本身对自己的庭审情况进行直播有以下三种方式：通过法院的官方微博进行图文直播；通过法院的官方网站进行同步视频直播；将现场录制的法院庭审的视频、音频经过后期制作加工上传至法院官方网站进行视频、音频点播。不管是通过哪一种方式进行庭审直播，都是法院主动进行司法公开的作为，有利于创造一种全民监督司法权行使的法律效果，也有利于法院树立更高的司法公信力，对案件的审判更加自信。

1. 微博直播

（1）微博直播的主体分析

微博直播就是通过个人微博或者官方微博（国外的推特）对庭审的现场情况进行实时介绍，不仅包括现场拍摄的图片、视频，也包括必要的文字说明，很多人也愿意将自己对案件的看法通过微博发布出去。作为一种在我国 2007 年才出现的庭审直播形式，微博直播却已在世界上的其他很多国家得到了发展和适用，原因在于其具有简便、受众面广、信息采集成本低等特点。目前，我国很多法院也通过官方微博的方式对庭审进行直播。对此，必须厘清一个问题，可以在法庭上进行微博直播的主体到底有哪些？法官、媒体、律师、旁听者，这些主体是否都可以通过微博发布有关庭审的最新消息？

第一，案件的主审法官和书记员。主审法官在案件审理过程中的首要任务是调控案件的审理进程，并且根据法庭上经过质证环节所能确认的证据对佐证的案件事实进行裁判，确保审判环节的正当运行及裁判公正。所以法官应该把全部精力放在案件的实体审判环节上，不应当发布微博分散注意力，导致无法总结案件争议焦点，难以根据证据规则形成自由心证。同样的，负责法庭记录工作的书记员也应该做好庭审笔录的记录和整理工作，关注诉讼参与人在法庭上的陈述与表达，对案件做出最准确的记录。但是，在庭审中，应当赋予主审法官对案件审判过程是否可以发布微博的自由裁量权，主审法官对案件的审判风险、社会关注度进行评估之后，理性客观地作出是否准许发布微博的决定。如果过多的移动设备的使用干扰到法庭自身的无线电设备的使用，或者移动设备在庭审过程中突然响起，也会干扰法庭正常的审判秩序，这些情况都需要法官及时严肃地处理。不过，法院基于庭审公开的需要，可以指派其他工作人员负责在法庭上旁听案件的审理进程，通过法院的官方微博实时发布案件的审理信息。

第二，参与庭审录音录像的媒体记者。媒体记者的主要任务就是准确、全面、客观、真实地记录、报道案件的审判情况，发布微博也是进行庭审报道的形式之一。但是微博直播有时只关注案件庭审过程中的一个小环节，或者事实认定的一部分，而电视媒体、平面媒体、网络媒体通常具有较大的影响力，如果他们在未经法院确认事实和证据的情况下擅自发布微博，可能会带来不好的社会影响。某些媒体为了追求轰动效果和吸引观众的眼球，不排除对案件事实、审理程序进行一定程度的夸大甚至杜撰。所以媒体记者在庭审过程中发布微博还要本着实事求是的态度，对于案件中本不应该公布的证人信息、被害人信息等内容做出隐藏性处理，避免这样的实时报道对他们的心灵和精神造成二次伤害。

第三，参与旁听的社会公众。对于旁听者能否发表微博可以从三个角度分析。其一，对于在法院旁听的人来说，能否在法庭上使用电脑或者手机，使用电脑或者手机是否会影响法庭的严肃性和庭审秩序。其二，旁听者对于庭审内容的记录和表达是否一定要通过电子设备的方式，是否可以用纸笔来记录。其三，庭审的旁听者大多是没有经过专业法学培训或者新闻学培训的非专业人士，他们并不懂得新闻报道的具体要求和对案件审理进程进行描述的禁忌，而且他们对案件的描述也可能带有自己对案件的理解，甚至是片面的主观情绪，这些都会影响观看这些内容的人做出的价值判断。综上，从法庭秩序与严肃性、社会公众情感的非理性等因素考虑，应该限制或者禁止庭审旁听者通过微博的方式对案件进行网络庭审直播。

第四，当事人的代理律师。美国的司法实践允许律师借助媒体寻找公众对委托人的支持。在我国，律师在开庭时使用手机微博发布庭审情况的报道也时有出现，而这些微博的内容主要是对法官和其他司法工作人员的行为进行公开评论甚至质疑。[①] 律师之所以会通过微博实时对外发布案件审理的消息，可能是对目前司法体制中存在的不公平现象的控诉，也可能

① 参见叶舟：《律师微博直播庭审的正当性——以“黎庆红”案为例》，载《宜春学院学报》2013 年第 5 期。

是想借助社会效应和媒体效应引起社会大众对于案件的关注。所以，对于律师在庭审过程中发微博的问题，应从其本质出发来理解。律师发微博表示的质疑其实是对司法公正的不信任，只有从这个角度出发去解决问题，才会取得理想的效果。从法庭秩序的角度而言，律师在法庭中发微博、玩手机本身就是对秩序的不尊重。代理律师，尤其是辩护人，在法庭上的主要职责应该是陈述对被代理人有利的事实与证据，把主要精力用到举证质证、法庭辩论环节中来，说服法官产生对己方有利的心证，而不是把精力用在发微博上，这样也是对被代理人的不尊重。所以，对于律师在庭审中发微博进行直播应该予以禁止，对造成了不良后果的应给予处罚。

（2）微博直播的利弊分析

微博直播自产生以来，在很多国家的法院都得到了较为广泛的适用，主要原因就在于微博直播具有以下优点：第一，微博直播的设备成本较低。较之传统的录音录像设备来说，微博直播所需要的器材并不笨重也不算昂贵，一台电脑或者一部智能手机就可以进行，对于直播主体而言，可以节省大量的物力和财力。第二，微博直播的内容比较丰富。一篇短短的微博，可以包含文字、图片、视频等多种形式，可以说最大限度地利用了微博的社交功能，能在小载体上最充分有效地提供最完整的信息。第三，微博直播受众面广泛。随着大众聊天交友软件的普及，使用微博的人数与日俱增，一条热门微博可以得到数十万甚至上百万人的关注和转发。利用微博这样一个平台，可以最快速地将信息传递给最多的人。

但是微博直播也存在明显的缺点，表现为：第一，微博直播难以保证庭审信息发布的全面性和完整性。因为微博直播主要是通过上传微视频、图片和文字的形式对庭审情况进行介绍，而这些内容无疑只能涉及庭审过程的一部分，对于没有文字说明的图片，观看者很容易一头雾水，弄不明白庭审过程的前因后果，到底发生了什么才会出现照片中的情形，大众通过查看微博依然不可能了解案件庭审的全貌，难以对案件整体的内容有完整系统的掌握。第二，微博直播的内容具有片面性和主观性。微博多是旁听者发表的其对于案件的主观感受，而这些感受往往会受到传统诉讼思维的影响而显得非理性，对案件的描述也容易片面偏激，对观看者产生心理上的误导。即使微博的内容展现的是案件审理时的客观图像和笔录，但是由于其不能够展现全部过程，对于播出片断的截取也反映出极大的主观性。第三，微博信息的滞后性容易使公众对庭审内容和司法公正产生怀疑。微博直播严格意义上来讲属于延时直播，尤其是法院官方发布的微博还要经过审核程序，所以公众在微博上得到的庭审信息已经是处理过的信息，即使是从媒体或者旁听者发布的微博上得到的信息也避免不了滞后性，因为只有行为发生后才有记录下来通过微博公布的可能。这样的时间差使得公众难免对微博里提供的信息产生怀疑，认为微博的加工成分大过事实成分。第四，微博信息发布后较弱的互动性使大众对案件难以取得进一步的了解。一般而言，尤其是法院官方微博发布的庭审信息，发布者对于微博下方的提问很难逐一或者大量做出回答或解释，这样会使观看者陷入更大的迷惑中，因为一张照片需要结合前因后果才能向公众提供准确的信息，所以必要的回应和解释也是应当的。

（3）微博使用者逐渐减少带来的现实问题——立足于中国语境的思考

作为庭审直播的载体之一，微博这项社交软件也面临着新问题，那就是用户量正在逐渐减少。很多微博用户虽然没有注销微博账户，但是也很少刷微博，而是采用微信等其他社交软件。在这种情况下，即使法院的官方微博经常更新最新案件的庭审情况，也较少有人会通过微博关注到，并且时下很多社会公众使用微博大多是为了关注自己喜欢的明星、感兴趣的节目，能够去主动关注某一个法院的官方微博的人并不多。长此以往，法院想通过微博进行庭审直播的初衷和本意将会被有限的现实效果架空，仅仅起到庭审直播的宣示功能。现在更多法院又申请了微信公众账号来发布法院信息，但是同样面临关注者较少且无法实时更新庭审信息的问题。换句话说，微信公众账号还不能完全替代微博直播的功能。

2. 法院官方网站的直播与点播

除了利用法院官方微博与微信平台发布庭审信息之外，法院主要利用自身的官方网站发布庭审的视频或者录音。通过法院官方网站上的庭审的同步视频直播，虽然能及时准确地将庭审信息传递给庭审之外的人，但是如果不加处理，也会涉及当事人隐私权的保护，以及被害人、证人、鉴定人人身安全的问题。所以，就像现在的判决上网制度一样，必须对被告人、被害人、证人的基本信息做出技术处理。同时，庭审中关于作案计划、作案手法的事实认定过程，也容易异化成为犯罪方法的传播，为社会上的不安定因素提供机会和方法。可见，同步视频直播就像一把双刃剑，如何在最真实准确公示案件庭审情况的同时，兼顾人权保护和技术化处理，是必须注意的问题。

而对于法院官方网站的影音点播，视频或者音频本身承载的信息变成加工过的信息。尤其是音频，只是表达了案件审判情况的一部分，可能会造成收听者对案件审判情况的迷惑和误解。而这些加工信息也会带来社会公众对于法院本身提供信息真实性的不信任，怀疑这些视频、音频经过了剪辑处理，观众所看所听与庭审的实际情况有出入。所以对于网站上的点播影音资料，法院还是要本着客观实际的原则，尽量做到影音资料只是单纯地与庭审情况有时间上的间隔，减少技术处理，最大限度地再现庭审的真实过程。

另外，法院录制的庭审视频、音频信息也是法庭记录的一种方式，是重要的案卷材料。以往法院对于庭审都是由书记员通过打字的方式进行现场记录，有的法院还会专门聘请熟练掌握打字技术的速录员从事法庭记录工作。而这些速录员并没有专业的法律知识，只是单纯具备了快速记录信息的技能，这样很容易造成对庭审信息、控辩双方发言的错误理解，很多专业术语的法律意义他们也不能准确掌握，容易造成庭审记录的不准确、歧义与误解。对于我国来说，面对各个地区经济发展水平、技术水平的差异，很多欠发达地区都还不具备电脑记录的条件，还是通过书记员进行书写记录，这严重影响了审判效率，增加了时间成本。如果可以利用法庭的录音录像作为庭审笔录的补充手段，就可以清晰准确地对庭审情况进行记录，建立由庭审录音录像组成的资料库，这样的多媒体庭审笔录更具有真实再现庭审情形的效果，也可以作为证据在相关案件的审判过程中使用。美国在这方面的做法就值得借鉴。美国建立了法院电子记录公共访问系统（PACER），它是一种公共电子接入服务系统，由美国联邦法院行政管理局管理，存储了所有地区法院、破产法院和上诉法院的案件信息，包括案件相关文件、案件统计表以及庭审录音等。用户可以从法院办公室或者互联网访问该系统，并可以打印和下载信息。PACER 由众多服务器组成，每个法院负责维护自己的服务器。这种做法使司法公开、司法监督、司法便民与庭审记录方式改革结合在了一起。

（二）以电视媒体为主体的庭审直播方式

1. 电视直播与录播

有学者一直对电视直播表示极大的反对，原因在于电视直播相当于将个人案件置于全民关注的目光之下，即使不造成对当事人隐私权的侵犯，也会因为社会公众的非理性心理，对案件做出非理性的舆论引导。电视直播通常需要电视台与法院进行协调，并且必须经过法官同意，所以法官对于电视直播具有一定的自由裁量权，这是很多实行电视直播的国家的通行做法。而且一般能够进行电视直播的案件，都是社会关注度比较高的案件，所以通过电视这种普及度最广的传播媒介，也可以满足社会公众对于庭审过程、审判结果的关注心理。

但是电视直播最大的问题在于它的可操作性，毕竟电视频道有限，安排节目的播出时间有限，即使法官允许电视媒体对每一个庭审进行直播，面对庞大的庭审数量，电视台也不可能逐一进行直播。美国、巴西等国家有专门直播案件庭审过程的电视频道，但毕竟是少数，而且也同样无法做到对每个案件的庭审过程都进行直播。所以很多电视台也依然依靠强大的网络媒体资源，利用官方网站，以自行搜索点播的方式将录制的视频资料进行传播。而电视台录制播出的庭审视频资料，显然缺乏了新闻的新鲜性和及时性。观众更愿意直接搜索新闻去了解案件的审判结果，而电视台对这种所谓的录播更愿意利用剪辑过的视频进行新闻报道而不是全程回放。毕竟电视台不可能每天仅关注法院庭审的情况，还要追求电视节目的综合性和多元化。

2. 电视媒体在科技发展过程中的局限性

随着现代科技的发展，手机、电脑、平板电脑等电子设备的出现，对传统的电视媒体造成了不小的冲击。很多年轻人都习惯于关注网页新闻，收看网络视频，他们进行休闲娱乐的方式已经不再是看电视而是上网，他们的娱乐消遣不是观看电视节目而是在网络中搜索自己的最爱。很多电视台也应时应景地通过网络平台吸引观众的眼球，很多电视节目、热播的电视剧在电视上播出的同时，都会同步在网络上播放，网络新媒体抢占了以电视为代表的传统媒体不少的市场份额。所以说，在电视媒体的关注度出现下降趋势的今天，在电视上进行的庭审直播和录播到底会有多少人观看，成为电视媒体传播司法信息必须面对的问题。

（三）其他主体的庭审直播方式

1. 美术家的素描简笔画

庭审中美术家的素描简笔画，最早应用于英美法系国家，并且在日本也有所适用。在法官还不允许记者进入法庭进行采访的阶段，画家的简笔画成了庭审之外的人了解庭审情况的唯一途径。也正是从这个角度出发，才会发生庭审内容承载主体的改革，从画纸上到文稿中，再到网络媒介中，实现了从简笔画到文字报道、再到微博直播的进步。但是出于绘画本身的特点，这种方式对于庭审情景的再现也存在不容忽视的问题。首先，绘画的对象应该是静物，才能保证绘画者全神贯注进行创作，并且最大限度地保证画作的再现效果。而庭审中，无论是法官还是诉讼参加人，都不可能一直保持静止的状态，在画家从构思到创作的过程中，现场的情况随时都会发生变化。因此，画家的简笔画只能表现出庭审的大致情形和整体布局，不可能在细节上给观看者更多的信息。其次，简笔画只能提供一种静态的图像效果，观看者只能对庭审中某一时刻、某一角度的情景进行了解，无法探知这一画作呈现状态的前因后果，也无法对案件有整体的了解。最后，与其说这是一种庭审直播的方式，莫不如说这只是一种庭审报道的形式，因为简笔画根本无法将案件审理的全过程展示出来。

2. 平面媒体文字直播

报纸等平面媒体利用文字方式对庭审进程的直播，准确地说应该是对庭审内容的报道。因为报纸的报道和简笔画都存在着信息滞后的问题，即使新闻记者在第一时间掌握新闻线索，并且对庭审情况进行取材，也还要经过编辑新闻稿件、主编审稿、排版印刷等工序。读者读到的报纸上对庭审的介绍已经是一天甚至是几天前的案件。社会公众往往通过其他更迅捷的方式对庭审情况及庭审结果进行了解，所以，平面媒体的文字直播只能是了解庭审情况的附加性手段。

第三章

我国庭审直播的发展及网络庭审直播的兴起

我国最早进行庭审直播的司法实践可以追溯到1996年，虽然我国庭审直播与两大法系的主要国家相比起步较晚，但是近几年我国庭审直播的发展十分迅速。不仅仅是最高人民法院颁布的规定中多次提及有关大力发展庭审直播的内容，同时全国各级人民法院在案件的审理中也采用各种方式进行庭审直播。近几年，随着科学技术的发展和进步，网络媒体开始在人们的生活中发挥越来越重要的作用，庭审直播也从起步时的电视直播、广播直播发展到现在的网络庭审直播。很多法院都开通了官方微博、官方微信账号，或者利用法院的官方网站和庭审视频直播网进行庭审直播，向社会公众传播庭审信息。

庭审直播的法理渊源是我国两大诉讼法规定的审判制度，庭审直播是审判公开中的庭审公开的具体表现形式。随着大众法治观念的日益增强，以及树立阳光司法、提高司法公信力的需要，司法公开成为各级法院日常工作中的重要内容。但是我国庭审直播在两大诉讼法的立法层面上还没有相关规定，最高人民法院颁布的有关规定中对于媒体进行庭审直播还采取法院许可制，足以看出我国法院对于通过媒体进行庭审报道的谨慎态度。法律规定的粗略和欠缺，司法实践中的约束和限制，使得庭审直播在我国的发展空间还面临需要扩展的境地。法院不应将司法公开做形式化的处理，作为自己接受社会公众监督、推行阳光司法的说辞，更应该将其落到实处，对社会公众通过各种方式了解法院的庭审过程给予制度上和技术上的支持。法院推行的各种公众平台、网站资源应该充分发挥作用，不能为了建立而建立，成为应付上级检查考核的手段。参与庭审直播的媒体记者也应该树立法律意识，严格遵守庭审报道的限度和边界，注意法学术语和法律常识的学习，注重报道与评论的科学性与准确性，使观众能够更加清晰准确地了解案件内容，避免片面的宣传和舆论误导。作为庭审直播信息的接收者，社会公众应提高自己的主人翁意识和社会监督意识，摒弃传统的“事不关己，高高挂起”的思维观念，积极参与到庭审活动中来，对于引发社会广泛反响的大案要案积极投以关注的目光，为社会主义法制建设、推行阳光司法添砖加瓦。

从1996年我国电视庭审直播第一案起，至今已经有20多年。这20多年来，庭审直播的方式日趋多元化和科技化，庭审直播的案件日趋类型化、典型化。我国在庭审直播的发展上也迈出了跨越式的步伐。尤其是近几年，各级法院通过重大案件的庭审直播再次展现出司法公开的姿态，得到了社会公众的广泛认可。济南市中级人民法院对“薄熙来案”的审判进行了全程的微博直播，上百条的微博发布，上百万字的图文信息，使得民众不出家门就可以了解案件审理的最新进展，具有划时代的意义。河北省高级人民法院对于“王书金案”二审进行微博直播，使得引发社会广泛关注的聂树斌的发展动向第一时间聚焦在百姓的眼中。

司法公开是一个国家法治文明、司法文明最鲜明的表现方式，法治的发展需要公正自信的审判程序，而庭审直播是全面落实司法公开的绝佳方式，也是司法公开现代化最直观的形式之一。

第一节　我国庭审直播制度的历史沿革

一、审判公开与庭审直播的法学原理联系

审判公开，是指人民法院在审理案件时，将其审判活动向社会公开的制度，具体包括人民法院应该在开庭审理前公告案件的基本信息、公民可以旁听案件的审理、允许新闻记者对案件进行采访报道、人民法院对案件的判决应当公开宣告。审判公开可以分为审理公开和裁判公开两部分，审理公开的中心环节在于庭审公开。只有做到庭审公开和裁判公开，才能将审判公开制度和整个法院的审判程序结合起来，使之贯穿于法院审判的全过程。

裁判公开，其实是审判结果的公开，目前我国已经确立了裁判文书上网制度，提供了制度上的保障。相比之下，如何做到庭审公开，也就是审理过程的公开，需要投入更多的精力去研究。对于案件而言，无论是法官、各方诉讼主体还是旁听者都只有在审理过程中才会有最大的行为空间，因为只有在这个环节，裁判者、当事人、旁观者才能真正意义上同时

聚集在一个时空，实现对案件事实、证据、观点的交流、沟通与认知。对于法官而言，一个案件从立案到执行所经历的诉讼程序虽然持续的时间很长，但是法官对案件事实的了解，对证据的认定，并根据证据裁判规则形成自由心证都是在审理过程中进行的。在审理过程中诉讼当事人没有提及的案件内容或者诉讼请求不得作为法官裁判的依据，这也是当事人辩论原则的体现。而无论是刑事诉讼中的控辩双方还是民事诉讼中的双方当事人，其对于案件审判的最大程度的参与也是在法庭审理过程中，他们会利用诉讼权利的博弈、对己方证据的认定和对对方证据的反驳，在辩论的过程中尽最大的努力使法官的裁判天平向自己倾斜，所以审理程序对诉讼参加人来说也是至关重要的。对于社会公众而言，对与己无关的案子，他们往往处于旁观者的地位，他们想要了解自己不熟悉的案子，最直接有效的办法就是参与案件的旁听，通过庭审中各方诉讼主体的表述来对案件有直观准确的了解，同时也可以对法官的裁判行为进行监督，保障司法公正。

法院的裁判权，属于司法权的一部分。而司法权的行使依靠的是社会公众的司法资源，司法权是一种救济权，是在公民权利受到侵害时，寻求公力救济和保护的最后一道屏障。既然司法资源属于社会全体成员共同拥有，那么社会公众自然可以监督法院裁判权的行使，因为这涉及所有人共同的利益。审判公开制度就是法院向社会大众敞开了一扇门，邀请并欢迎他们参与到法院的审判活动中来，而庭审参与就是审判公开最实质性的手段，也可以最大限度地保证审判公开的制度效果。对于法院正在审理的案件，人们就可以通过旁听环节去行使自己的监督权，但是对于所处地理位置相对遥远的案件，庭审直播给了社会公众了解案件庭审过程的可能。

由此可见，庭审直播在法学原理和社会效果上与审判公开具有一致性，庭审直播其实是审判公开制度项下的庭审公开进一步实际操作的重要方法。两者是方法与目的的关系，在价值追求上具有一致性。也可以说，庭审直播是审判公开制度经过了长期发展之后，面对不断增长的社会需要，利用先进的多媒体手段应运而生的新方法。审判公开和庭审直播共同的价值追求在于通过法院对于案件的公开审理，使社会公众以旁观者的身份参与案件的审判环节，以实现阳光司法的目的。同时，公众还能真实感受到法庭的庄严、审判程序的严谨，增加了其对于法院审判工作及裁判形成过程的了解，避免法院受到不必要的质疑。尤其对于刑事案件来讲，参加听审的群众切实体会到刑事法律对于刑事犯罪的严厉追溯，触犯刑法的行为必然会受到法律的制裁，承担相应的刑事责任，感受到我国法律的威严，使自己的犯罪心理消灭在萌芽中，进而实现一般预防的目的，有助于宣传法制精神，传播法治思想。

二、审判公开的制度演进

（一）我国诉讼法典关于审判公开规定的沿革

表 3–1 刑事诉讼法关于审判公开规定的沿革

1979 年《刑事诉讼法》	**第八条** 人民法院审判案件，除本法另有规定的以外，一律公开进行。被告人有权获得辩护，人民法院有义务保证被告人获得辩护。 **第一百一十条第一款** 人民法院决定开庭审判后，应当进行下列工作：……（五）公开审判的案件，先期公布案由、被告人姓名、开庭时间和地点。 **第一百一十一条** 人民法院审判第一审案件应当公开进行。但是有关国家机密或者个人阴私的案件，不公开审理。

续表

1979 年《刑事诉讼法》	十四岁以上不满十六岁未成年人犯罪的案件，一律不公开审理。十六岁以上不满十八岁未成年人犯罪的案件，一般也不公开审理。 对于不公开审理的案件，应当当庭宣布不公开审理的理由。 **第一百二十一条第一款** 宣告判决，一律公开进行。
1996 年《刑事诉讼法》	**第十一条** 人民法院审判案件，除本法另有规定的以外，一律公开进行。被告人有权获得辩护，人民法院有义务保证被告人获得辩护。 **第一百五十一条第一款** 人民法院决定开庭审判后，应当进行下列工作：……（五）公开审判的案件，在开庭三日以前先期公布案由、被告人姓名、开庭时间和地点。 **第一百五十二条** 人民法院审判第一审案件应当公开进行。但是有关国家秘密或者个人隐私的案件，不公开审理。 十四岁以上不满十六岁未成年人犯罪的案件，一律不公开审理。十六岁以上不满十八岁未成年人犯罪的案件，一般也不公开审理。 对于不公开审理的案件，应当当庭宣布不公开审理的理由。 **第一百六十三条第一款** 宣告判决，一律公开进行。 **第一百九十一条** 第二审人民法院发现第一审人民法院的审理有下列违反法律规定的诉讼程序的情形之一的，应当裁定撤销原判，发回原审人民法院重新审判：（一）违反本法有关公开审判的规定的；……
2012 年《刑事诉讼法》	**第十一条** 人民法院审判案件，除本法另有规定的以外，一律公开进行。…… **第一百八十二条第三款** ……公开审判的案件，应当在开庭三日以前先期公布案由、被告人姓名、开庭时间和地点。 **第一百八十三条** 人民法院审判第一审案件应当公开进行，但是有关国家秘密或者个人隐私的案件，不公开审理；涉及商业秘密的案件，当事人申请不公开审理的，可以不公开审理。

续表

2012 年《刑事诉讼法》	不公开审理的案件，应当当庭宣布不公开审理的理由。 **第一百九十六条第一款**　宣告判决，一律公开进行。 **第二百二十七条**　第二审人民法院发现第一审人民法院的审理有下列违反法律规定的诉讼程序的情形之一的，应当裁定撤销原判，发回原审人民法院重新审判:（一）违反本法有关公开审判的规定的；…… **第二百七十四条**　审判的时候被告人不满十八周岁的案件，不公开审理。但是，经未成年人被告人及其法定代理人同意，未成年被告人所在学校和未成年人保护组织可以派代表到场。
2018 年《刑事诉讼法》	**第十一条**　人民法院审判案件，除本法另有规定的以外，一律公开进行。…… **第一百八十七条第三款**　人民法院确定开庭日期后，应当将开庭的时间、地点通知人民检察院，传唤当事人……公开审判的案件，应当在开庭三日以前先期公布案由、被告人姓名、开庭时间和地点。 **第一百八十八条**　人民法院审判第一审案件应当公开进行。但是有关国家秘密或者个人隐私的案件，不公开审理；涉及商业秘密的案件，当事人申请不公开审理的，可以不公开审理。 不公开审理的案件，应当当庭宣布不公开审理的理由。 **第二百零二条第一款**　宣告判决，一律公开进行。 **第二百三十八条**　第二审人民法院发现第一审人民法院的审理有下列违反法律规定的诉讼程序的情形之一的，应当裁定撤销原判，发回原审人民法院重新审判:（一）违反本法有关公开审判的规定的；…… **第二百八十五条**　审判的时候被告人不满十八周岁的案件，不公开审理。但是，经未成年被告人及其法定代理人同意，未成年被告人所在学校和未成年人保护组织可以派代表到场。

表 3-2 民事诉讼法关于审判公开规定的沿革

1982 年《民事诉讼法（试行）》	**第八条** 人民法院审判民事案件，依照法律规定实行两审终审、公开审判、合议和回避制度。 **第一百零三条** 人民法院审理民事案件，除涉及国家机密，个人隐私或者法律另有规定的以外，一律公开进行。 离婚案件当事人申请不公开审理的，可以不公开审理。
1991 年《民事诉讼法》	**第十条** 人民法院审理民事案件，依照法律规定实行合议、回避、公开审判和两审终审制度。 **第一百二十条** 人民法院审理民事案件，除涉及国家秘密、个人隐私或者法律另有规定的以外，应当公开进行。 离婚案件，涉及商业秘密的案件，当事人申请不公开审理的，可以不公开审理。
2007 年《民事诉讼法》	**第十条** 人民法院审理民事案件，依照法律规定实行合议、回避、公开审判和两审终审制度。 **第一百二十条** 人民法院审理民事案件，除涉及国家秘密、个人隐私或者法律另有规定的以外，应当公开进行。 离婚案件，涉及商业秘密的案件，当事人申请不公开审理的，可以不公开审理。
2012 年《民事诉讼法》	**第十条** 人民法院审理民事案件，依照法律规定实行合议、回避、公开审判和两审终审制度。 **第一百三十四条** 人民法院审理民事案件，除涉及国家秘密、个人隐私或者法律另有规定的以外，应当公开进行。 离婚案件，涉及商业秘密的案件，当事人申请不公开审理的，可以不公开审理。

公开审判是两大诉讼法确立的基本原则，也是基本制度。虽然经过了多次的修改，但是其一直将公开审判原则放置在非常重要的位置。综观我国民事诉讼法的沿革，我们可以清楚地发现对审判公开制度规定的传承与

延续。审判公开制度在民事诉讼法中的规定均为两条：在总则部分将公开审判、回避、两审终审、合议并列作为基本制度，在一审部分规定法定不公开审理与酌定不公开审理的案件类型。1991 年《民事诉讼法》将 1982 年《民事诉讼法（试行）》规定的酌定不公开审理的案件类型增加为离婚案件和涉及商业秘密的案件并一直延续至今。而我国刑事诉讼法对于公开审判的规定较之民事诉讼法既有相同，也有不同，最明显的特点是刑事诉讼法对于公开审判规定的条文数量较多。

（二）审判公开制度设计分析

1. 法律原则的抽象与法律规则的缺位

通过上一部分对我国诉讼法典关于审判公开规定的总结与归纳，不难发现，我国刑事诉讼法、民事诉讼法在对审判公开的规定上具有高度的沿袭性和传承性。但是在传承的同时，立法者并没有对审判公开制度存在的问题在立法层面进行完善和补充。两大诉讼法典的相似性在于，都在总则部分赋予审判公开制度基本原则的地位，之后在一审部分规定了作为公开审理例外的不公开审理的案件类型。1996 年和 2012 年的刑事诉讼法在二审部分增加了将违反公开审判原则作为撤销原判、发回重审的情形之一的规定，算是对审判公开制度的救济性规定。但笔者认为，仅仅是这样的规定仍显不足，已经造成了审判公开制度法律原则的抽象和法律规则的缺位。

审判，是指原告、被告或控辩双方在法庭上各自提出自己的主张和证据并进行辩论，法官站在第三方的地位上，基于国家权力依法进行审理并作出裁判的一种诉讼活动。[1]如果用最简明直接的方式来解释法律，可以说，每一部法律的起草、制定、颁布和实施，考虑的都是权力和权利的关系问题，或者说是在法律的世界、在制度的领域，如何分配权力和权利的运作空间问题。权力和权利像是一对相伴相随的兄弟，共同生活在同一个领域里，一方的扩张必然以另一方处于劣势为代价。因为权力的主体是占据社会更多资源的国家机关，很容易在行使的过程中不断扩张，而扩张的结果必然会侵犯到私权利。为了防止公权力对私权利造成不当侵害，必须用制度和规则加以规制。可以说，程序法就是限制权力的法律。

审判权是一项由法官代表国家行使裁判职责的公权力。在民事诉讼领域，审判权的运作是通过裁判行为的行使对私人权利进行干预和分配，以调整失衡的人身和财产关系。在刑事诉讼领域，审判权行使的方式是通过打击和惩罚犯罪行为，来恢复受破坏的社会关系。无论在民事诉讼领域还是刑事诉讼领域，审判权的不当行使都会侵犯到诉讼主体尤其是刑事诉讼被追诉人的权利。为了防止这样的情况发生，必须提前给审判权戴上“紧箍咒”，让其处于监督和制约之下，防止裁判者的滥用。而审判公开就是行使审判权的法官需要遵从的一项重要的行为准则。

审判公开对于约束裁判者的裁判行为、保护私主体的程序性权利和实体性权利具有重要意义，我国现行的立法自然将其放在了重要的位置。《民事诉讼法》将其与合议、回避、两审终审制度并列作为重要制度。《刑事诉讼法》更是直接要求人民法院审判案件，除另有规定以外，一律公开进行。以上规定充分体现出立法者对于审判公开的重视，并将审判公开纳

① 陈光中主编:《刑事诉讼法》，北京大学出版社、高等教育出版社 2012 年版，第 311 页。

入诉讼法的基本原则体系中。但是与合议、回避、两审终审、保障辩护、法院定罪原则等诉讼法的基本原则有诸多法律条文甚至设置专章进行具体解释的情况不同的是，审判公开原则除了在基本原则部分给予充分重视之外，在具体规则层面的法律条文少之又少。

审判公开如何制度化运行呢?《民事诉讼法》第 134 条和《刑事诉讼法》第 188 条只是对诉讼程序中，哪些案件公开审理、哪些案件不公开审理作了简单规定。对于公开审理的案件如何保证其公开性和公众知晓，公众参加旁听的秩序规则，参加旁听群众的限制性条件，对于《民事诉讼法》规定的酌定不公开案件法官从哪些角度行使自由裁量权，以及通过庭审直播的方式实现审判公开中的庭审公开，哪些主体可以进行庭审直播，哪些方式进行庭审直播可以合法化，除法院之外其他主体进行庭审直播需要遵守哪些规则和许可程序，目前在立法层面上都没有规定。立法者已经将审判公开放置于诉讼法基本原则这样重要的位置，与之相对应的是，法律规定的原则化带来实务操作不易把握，难以实施的问题。审判公开制度是法律对公民参与社会监督的有效回应，也体现了公民监督权的本质内涵。同时可以督促法院自觉约束审判行为，提升业务素养，规范法庭程序，推行阳光司法，进而作出公正的法律裁判，维护当事人的合法权益。社会公众参与刑事案件的旁听，也能起到刑法中一般预防的社会效果，通过庭审程序追究被告人刑事责任，使旁听者身临其境地了解犯罪会带来的不利后果，使其实施犯罪的想法消失于无形。但是，如果一个法律条文抽象到无法准确将其把握，或者在实施过程中面临着太多问题的话，那这样的法律条文很有可能被束之高阁，或者仅仅体现出一种利益宣誓和起到权利人心理安慰的效果，很难实现立法本身的价值。《民事诉讼法》第 134

条和《刑事诉讼法》第188条虽然形式上是法律规则，但是其仍不够具体明确，需要更多的法律规则对其进行丰富和补充。

2. 公开审判程序违法救济途径欠缺

有这样一句著名的英国法谚："无救济则无权利。"这句法谚有时还被表述为："一项没有救济的权利根本不称其为权利。"这句法律谚语告诉我们：法律对公民权利规定得再完善、列举得再全面，如果在侵害其权利的行为发生之后，公民没有申请救济的手段、无法获得有效的法律救济，这些法律上的权利都将变成一纸空文。因此，国家的宪法和法律不能仅仅满足于进行权利条款的列举，还必须建立若干种权利救济的途径，使得那些权利被侵犯、自由被剥夺的公民，能够有诉诸法律，或者司法审查和司法救济的机会。①

审判公开，作为诉讼法中重要的程序性规则，也是赋予社会公众对法院审判工作监督权的重要制度，如果在司法实践中违反了这项程序性规则，必然会带来程序性违法的后果，责任主体将会受到程序性制裁。与正当程序相伴而生的是程序法定原则，其重心在于有程序违法必有法律制裁，这一原则为程序刚性提供了最后一道防线保证。②所以，如果法院没有履行审判公开职责，必将遭受到程序性的不利后果。对于法院不允许公民进入法庭进行旁听，或者法官不允许获得法院许可的媒体记者对庭审情况进行录音录像，法院不执行裁判文书上网的规定等问题，如果不对其进行程序性制裁，给予法律上的负面评价的话，不仅是诉讼法中的程序正义

① 陈瑞华著：《看得见的正义》，北京大学出版社2013年版，第111页。

② 徐阳著：《权力规范与权力技术——刑事诉讼中国家权力配置问题研究》，法律出版社2010年版，第9页。

遭到破坏，也会使这些程序违法者更加无所忌惮。

《民事诉讼法》中并没有违反公开审判原则的程序性制裁规定，在《刑事诉讼法》中除了第238条将违反公开审判的规定作为一审违反法律规定的诉讼程序的情形之一，应该裁定撤销原判，发回原审人民法院重新审判的情形之外，再没有违反审判公开的救济程序。刑事诉讼裁判的结果涉及的是被追诉人的财产、自由甚至生命，必须得到高度重视。如果认为诉讼程序中的一审程序的价值在于裁判公正的话，那么二审程序的价值在于纠正错误的裁判。这样的价值选择在刑事诉讼中尤显重要，对于被追诉人重要的人身权利而言，程序性问题的出现很有可能给其带来灭顶之灾。二审的价值在于纠错，而对于以纠错为目的的审判监督程序、以对剥夺生命的刑罚应严谨慎重为取向的死刑复核程序，却没有像二审一样明文规定违反审判公开原则是发回重审的程序性事由。就像在民事诉讼立法取消管辖错误作为申请再审的事由引发违反专属管辖与之矛盾的讨论，仅在二审中规定违反审判公开应撤销原判、发回重审，也将在审判监督程序面临同样错误区别对待的问题。正是因为程序性救济以及程序性制裁的缺位，才会使法院敢于违反这项程序性规定，进而侵犯社会公众的社会监督权和诉讼当事人应有的诉讼利益。

3. 欠缺从其他主体角度的立法设计

对于我国目前的民事诉讼和刑事诉讼立法而言，其立法设计主要是从法院或者法官的角度进行考虑，并没有从审判公开的其他主体角度考虑问题。审判公开是一个双方甚至多方互动的过程，法院将庭审的情况公开之后，也吸引社会公众关注庭审情况，行使其社会监督权；对于应当公开而当事人不同意公开的情形，法官是否应根据情况自由裁量，给予当事人说

“不”的权利？对于需要媒体记者进行录音录像的案件，也需要从申请许可到庭审秩序对其行为进行规范。我国现行立法只是在告诉法官哪类案子法定不公开，哪类案子酌定不公开，对于酌定不公开的案件赋予法官自由裁量权，这些都只是审判公开制度最基本的问题，其他主体在审判公开中依然需要完善的制度设计。

庭审公开分为以法院为主体的主动公开和以社会公众、媒体、诉讼当事人为主体的被动公开，两种公开方式相辅相成。这也说明了庭审公开并不仅仅是法院的事情，也需要其他主体的配合。就像证据法学界一直讨论的证人出庭作证制度一样，证人能否出庭并不仅仅是法院一方努力的事情，同样需要制度上给予证人保障以及证人自身出庭意识的提高。审判公开体现的法律价值是社会监督，并不是只要法院做出欢迎社会公众监督的姿态，就会有人愿意旁听。所以说如何使与案件毫无关联的普通公民参与到庭审环节中来是庭审公开面临的一大问题。

庭审公开经常面临着十分尴尬的局面，那就是很少有人愿意到法院去旁听或者关注法院的官方微博、官方网站去浏览庭审信息。这与我国普遍的诉讼观念以及法院的公权力地位有很大的关系：多数普通人都不愿意与法院打交道。即使是抱着“我去监督你”的心理，人们也会想：法院会让我监督吗？谁会每天查看询问法院哪个法庭今天开庭？审判的什么案件？一般普通的小案件根本不足以吸引大众的眼球，自然开庭时无人问津。而且中国传统的“事不关己，高高挂起”的心理，使许多人躲避法院还唯恐不及，很少有人会愿意掺和别人的事情。

对于被庭审直播的案件的当事人来说，同样面临着自己的案件变成“全民公决”的问题。我国有两句古话，第一句是“家丑不可外扬”，第二句是“好事不出门，坏事传千里”。所以人们都很顾及自己在其他人眼中的形象，虽然自己的案子起诉到法院，但是当事人通常只是单纯地想借助法院的平台和力量去解决自己的问题，而不是想把事情宣扬出去，成为他人茶余饭后的谈资，让他人对自己评头论足、指指点点。社会公众一方面想监督法院对于司法权的行使，另一方面出于猎奇的心理想进入法庭中进行旁听，很多时候会造成当事人的反感。这种感觉在刑事案件中尤为凸显，在没有经法院作出有罪判决之前，很有可能就被全民的目光钉在道德的耻辱柱上。而民事案件都是人身和财产纠纷，原告不希望被别人认为太计较，被告不想让别人认为很可恶。尤其是当旁听的人数比较多，法庭又比较小，旁听席位比较少的时候，当事人自己的亲戚朋友都没有位置坐，而其他人却可以坐在旁听席上，更是加重了他们心中的不满。即使是从监督法官审判行为的角度考虑，当事人也可以表示，不需要别人的监督，自己的案子法院怎么判都认可。美国宪法第 6 条对于审判公开的规定是：被告应享有获得及时与公开审判之权利。由此可见，在美国，审判公开是被告人的一项权利，他们可以选择不公开，有说不的机会。而在我国，目前无论在立法层面还是实践层面，都极少考虑到当事人的想法和态度。

对于广义上庭审直播的另一主体——媒体而言，在立法层面同样欠缺从他们的角度进行制度设计。既然实践操作中允许媒体进入法庭对正在庭审的案件进行录音录像，就应该在程序上给予充分的制度设计。比如，媒体通过什么程序得到法院的许可；如何避免机器设备对法庭秩序的影响和干扰；媒体录制影音资料是否需要经法院审核才可以播放；等等。公开审判制度必须细化、深化才能具有更强的操作性。

三、有关庭审公开、庭审直播的规定

（一）《中华人民共和国人民法院法庭规则》

《中华人民共和国人民法院法庭规则》（以下简称《法庭规则》）是由最高人民法院于1993年12月颁布、1994年1月1日起施行的重要规范。它从审判秩序、法庭纪律、方便公众旁听，促进司法公正，彰显司法权威等方面对司法工作人员、当事人、诉讼参与人在法庭上的行为方式作出了规范。后最高人民法院为适应社会的发展以及审判实践的需要，于2016年对该规则进行了重大的修改。

修改后的《法庭规则》更加强调司法礼仪（第2、12、15、17条）；充分尊重并回应了公民旁听庭审的意愿（第9条）；对违反法庭秩序的行为的处罚更加严厉（第19、20、21条）；明确了庭审直播（录播）形式（第11条）；肯定了所有案件都应全程录音、录像（第10条）；明确了公民关注较高、社会影响较大、法治宣传意义较强的案件可以通过互联网进行视频直播（第11条）；规定了旁听区可以设置专门的媒体记者席，媒体记者经许可，可以在指定的时间及区域，对庭审活动进行录音、录像、拍照或使用移动通信工具等传播庭审活动，通过允许媒体报道庭审活动，进一步拓宽人民群众了解司法、监督司法的渠道（第3条）。

修改后的《法庭规则》对于我国法院网络直播庭审制度而言具有重要的指导意义，首先，它明确了互联网是与电视和其他公共媒体一样的庭审公开的载体；其次，明确了能够进行网络庭审直播的案件范围。但是，《法庭规则》只是总括地对网络庭审直播进行了肯定和规范，对于实务中的具体操作细节还未予以明确规定。

（二）《最高人民法院关于严格执行公开审判制度的若干规定》

1999 年的《最高人民法院关于严格执行公开审判制度的若干规定》相比较我国两大诉讼法中关于公开审判制度的立法，其突出特点表现在第 7 条的规定：凡应当依法公开审理的案件没有公开审理的，当事人申请再审的，人民法院可以决定再审；人民检察院按照审判监督程序提起抗诉的，人民法院应当决定再审。这条规定为人民法院违反公开审判原则在再审程序中开辟了救济的渠道，弥补了 1996 年《刑事诉讼法》仅在二审程序中规定违反公开审判原则救济途径的不足。但是遗憾的是，这条规定所传递的法律精神，在两大诉讼法几经修改之后，没有纳入诉讼法典中。同时，该规定第 11 条规定：依法公开审理案件，经人民法院许可，新闻记者可以记录、录音、录相、摄影、转播庭审实况。这条规定再次明确提出新闻记者对于庭审的录音、录像与转播权，但是与 1994 年《法庭规则》不同的是，在许可主体方面，从审判长或者独任审判员变成了人民法院。许可主体的变化，直接影响到了新闻记者采访权的获得。法院可以此为据，规定由法院的宣传部门决定是否允许新闻记者进行采访，这实际上是加大了对新闻记者采访权的限制。对于某些影响较大的敏感案件，法院往往通过开庭之前类似行政审批的程序，限制新闻记者进入法庭的权利，将其拒在法庭的门外，甚至可以不给出任何具有说服力的理由。[①]

---

① 参见王伟亮:《“审判公开”的新进展与新闻记者的采访权——以新旧规定的比较为视角》，载《新闻记者》2007 年第 9 期。

纵观《关于严格执行公开审判制度的若干规定》的规定，依然没有走出审判公开制度原则化、抽象化的迷宫，很多规定仅具有政策性导向和权利宣示的功能，或者说只是对诉讼法典关于公开审判规定内容的重申，更多注重的是应当怎样，而很少涉及如何、怎样的问题，更没有涉及违反规定责任人制裁的问题。

（三）《最高人民法院关于加强人民法院审判公开工作的若干意见》

2007 年的《最高人民法院关于加强人民法院审判公开工作的若干意见》涉及庭审直播的条文主要是第 21 条：有条件的人民法院对于庭审活动和相关重要审判活动可以录音、录像，建立审判工作的声像档案，当事人可以按规定查阅和复制；以及第 23 条：通过电视、互联网等媒体对人民法院公开审理案件进行直播、转播的，由高级人民法院批准后进行。

这两条规定的进步之处在于提出了声像档案这样一种操作机制，不仅可以对庭审情况准确清晰地记录，也方便当事人进行查阅，但是对当事人如何申请查阅和复制，需要经过哪些许可手续及收取费用的问题并没有涉及。所以说第 21 条更像是描绘一幅秀美的图景，但是绘制所需的染料、用墨、水彩等问题还都没有解决。同时，声像档案的构想并没有构建可行的运行模式，现在法院仍以书记员或速录员现场制作庭审笔录的方式记录庭审内容，声像档案的建立和广泛采用对法院自身的庭审记录改革方式具有重要意义，但是这种效果到目前为止仍然没有显现出来。第 23 条丰富了互联网作为公开审理案件的直播、转播媒介，具有鲜明的时代意义和进步性，但是也仅仅是对庭审直播的媒介形式作出了规定，如何在法院和媒体之间搭建一个平台，使其在庭审直播环节得到有效的合作与互动，是媒体庭审直播的实施需要解决的问题。所以，这两条规定在文字表达上仍不够严格，留有了一定的操作空间。对于何为法院有条件及相关重要审判活动的界定难以确立客观标准，且将电视、互联网的直播、转播准许权放置在了高级人民法院的手中。这样的改变其实是对《法庭规则》和《最高人民法院关于严格执行公开审判制度的若干规定》关于庭审直播许可主体级别的又一次加强，从审判长或独任审判员到人民法院再到高级人民法院，许可权收归高级人民法院之后，新闻记者申请庭审直播的难度又一次增加，也是对其新闻报道权的限制，这样的改变显现出法院对于庭审直播问题的态度趋于保守和谨慎。

（四）《关于人民法院接受新闻媒体舆论监督的若干规定》

2009 年的《关于人民法院接受新闻媒体舆论监督的若干规定》明确规定了人民法院需要接受新闻媒体舆论监督，并妥善处理法院与媒体的关系，保障公众的知情权、参与权、表达权和监督权，提高司法公信力。并且对于公开审判的案件，新闻媒体记者可以旁听。由此可以看出最高人民法院对于新闻媒体舆论监督表现出了一种欢迎和接受的态度，希望能够通过媒体的监督约束自身司法裁判行为，实现阳光司法。其中一些规定也涉及法院对于媒体监督所应提供的必要便利条件，充分表现了法院对于媒体的尊重。

但是纵观该规定，似乎也只是在重申法院希望并邀请舆论媒体监督的态度，内容过于泛泛，没有规定媒体直播庭审的具体程序要求，新闻媒体记者进入法庭中对于庭审情况进行录音录像，仍然不能在此规定中找到操作程序和方法。

（五）《关于司法公开的六项规定》

该规定于2009年实施，对司法公开中立案公开、庭审公开、执行公开、听证公开、文书公开、审务公开等各个方面提出了要求，并对重点工作进行了梳理。突破之处在于凸显了司法公开在法院日常工作中的地位，将其划入绩效考核的范围，并注重上级法院对下级法院的指导。同时，对于违反司法公开的审判人员，除了在二审程序、再审程序中增加程序上的救济之外，对于相关责任人也增加了责任追究机制，倒逼其严格规范自身审判行为，依法贯彻落实司法公开。同时该规定还要求各级人民法院应当逐步建立和完善互联网站和其他信息公开平台，探索建立各类案件运转流程的网络查询系统。以此来丰富司法公开的形式，扩大司法公开的受众面。

但是在庭审公开的内容上，并未较之前的规定在未完善的制度构建上有所突破，只是对法院在庭审公开上的操作提出了总则性的规定。之前规定涉及的问题，并没有在此得到增加和补充，由于规定得不够具体，所以实施起来操作性不强。

（六）《最高人民法院关于人民法院直播录播庭审活动的规定》

该规定于2010年实施，明确了可选择直播、录播的案件为公众关注度较高、社会影响较大、具有法制宣传教育意义的公开审理的案件，且详细规定了不得进行庭审直播、录播的案件类型，建立了庭审直播、录播的核准制度。其进步在于第2条第2款第3项：当事人明确提出不进行庭审直播、录播并有正当理由的民事、行政案件不得进行庭审直播、录播。这条规定在一定程度上赋予了当事人对于自己的案件是否进行庭审直播的程序选择权，更尊重了当事人的意思自治。同时第 3 条规定人民法院进行庭审直播、录播，应当严格按照法律规定的公开范围进行，涉及未成年人、被害人或者证人保护等问题，以及其他不宜公开的内容的，都应当进行相应的技术处理。这条规定也解决了庭审直播对于特殊群体的保护问题，减少了因为庭审直播导致未成年人受到精神上的二次伤害，被害人和证人遭到报复，以在制度上保护证人的人身安全。

但是庭审直播法院系统内部的行政化审批机制，有过分限制可直播、录播案件的范围的可能，缩减了庭审直播的操作空间，不利于庭审直播大范围地推进和发展。核准制度本身是为了防止庭审直播带来不利影响和社会效果的事前预防，但是审核标准过于僵化和严苛也会造成制度本身发展空间的不足。

（七）《最高人民法院关于推进司法公开三大平台建设的若干意见》

该意见于 2013 年实施，是对我国法院司法公开制度的正面回应，并对法院的司法公开制度提出了新思路、新要求。随着媒体传播技术的发展，以及司法公开制度的推进，人民法院在司法公开的方式、内容上也需要有所创新。该意见要求人民法院积极创新庭审公开的方式，以视频、音频、图文、微博等方式适时公开庭审过程，这也需要法院建立一系列对应的网络平台，如法院的公众微信账号、法院的官方微博、官方网站等。在建立这些对外公开媒介的同时，也要注重其公开的社会效果，必须及时更新发布最新的消息，由专人负责庭审信息的筛选、汇总和发布。同时该意见以列举的方式对法院在审判流程上应该公开的信息进行了说明。另外，人民法院应当加强科技法庭建设，在多媒体硬件设施上跟进网络庭审直播的要求，对庭审活动全程进行同步录音录像，做到“每庭必录”，并以数据形式集中存储、定期备份、长期保存。存贮的庭审音像资料，不仅可以供当事人、社会公众查阅，同时可以推进法院庭审记录方式的改革，实现从纸质办公到电子化介质的飞跃。当然，目前的情况还应以书记员或者速记员记录的，诉讼当事人签字的庭审笔录为准，如果存在庭审记录出现歧义或者字迹模糊的问题，可以辅助使用多媒体手段调取案件的庭审信息。尤其对于多次开庭、案卷复杂的案件，电子化庭审记录方式使案卷的移送更轻松便利。对于当事人的查阅权，法院负有配合履行的义务，即当事人申请查阅庭审音像记录的，人民法院可以提供查阅场所。

该意见只是规定了当事人、社会公众可以对法院录制的音频视频资料进行查阅，但是没有规定查阅庭审音频、视频记录的程序，在赋予权利的同时如果没有提供权利的行使方式，会使这种赋权的意义大打折扣。同时，对于当事人、社会公众的查阅权并没有设计相应的制度保障，如果法院无正当理由不允许其查阅，并没有涉及对应的救济措施和否定性评价机制。

（八）《最高人民法院关于人民法院通过互联网公开审判流程信息的规定》

该规定于2018年9月1日实施，共十七条，分别规定了审判流程信息公开的基本原则、审判流程信息公开平台的定位、诉讼参与人身份信息的采集与核对、特殊情况下的公开规则、通过互联网公开的审判流程信息的范围、依托审判流程信息公开平台进行电子送达的规则与效力、已公开审判流程信息的更正与撤回、审判流程信息公开工作督导机制等。

该规定着重就以下三个方面作出了制度安排：

一是明确界定应当公开的审判流程信息的范围。针对当前全国法院审判流程信息公开的内容缺少统一标准的突出问题，该规定用四个条文将应当公开的审判流程信息划分为程序性信息、处理诉讼事项的流程信息、诉讼文书、笔录等四大类，遵循从立案到结案的业务逻辑，力求覆盖全面、突出重点。

二是依托中国审判流程信息公开网开展电子送达。实践中，各地法院多将电子送达与审判流程信息公开两项工作结合开展，从域外经验看，电子通知亦被作为司法公开网站不可分割的组成部分。该规定根据《民事诉讼法》及其司法解释有关条文，在严格采集、核对诉讼参与人身份信息以及受送达人知情、同意的前提下，允许各级人民法院依托中国审判流程信息公开网向民事、行政案件的诉讼参与人"点对点"电子送达诉讼文书。审判流程信息推送与诉讼文书电子送达相结合，节约了诉讼成本、提升了审判效率，让审判流程信息公开的逻辑链条更加完整、严密。

三是进一步理顺审判流程信息公开工作机制。从全国范围看，审判流程信息公开工作的责任主体尚不明确，存在多头管理、权责不清、沟通不畅等问题，不利于上级人民法院对下级人民法院、本院对内设各部门开展业务指导和督促检查，影响工作质效。为此，该规定第 15 条明确了不同层级人民法院、人民法院不同内设机构的职能定位和职责清单，层层压实责任，加强统筹协调，注重资源整合，扎实有序推进审判流程信息公开工作。

表 3–3 司法公开、庭审直播相关文件

时间	法规、文件	改革思路	不足之处
1993 年（2016 年修改）	《中华人民共和国人民法院法庭规则》	从审判秩序、法庭纪律、方便公众旁听，促进司法公正，彰显司法权威等方面对司法工作人员、当事人、诉讼参与人在法庭上的行为方式作出了规范。2016 年修改后，明确了可进行网络庭审直（录）播的案件范围。	只是作了对庭审视频直（录）播肯定性规定，缺乏对实务中操作细节的规定。
1999 年	《最高人民法院关于严格执行公开审判制度的若干规定》	明确了审判公开在程序法意义上的重要意义。人民法院违反公开审判原则为启动再审的原因。	依旧没有走出审判公开原则化、抽象化的迷宫。
2007 年	《最高人民法院关于加强人民法院审判公开工作的若干意见》	有条件的人民法院对于庭审活动和相关重要审判活动可以录音、录像，建立审判工作的声像档案，当事人可以按规定查阅和复制；通过电视、互联网等媒体对人民法院公开审理案件进行直播、转播的，由高级人民法院批准后进行。	没有规定公众查阅声像档案的具体方法，实务上此制度的施行缺乏可操作性；对于媒体报道庭审的态度过于保守。
2009 年	《关于人民法院接受新闻媒体舆论监督的若干规定》	规范了人民法院接受新闻媒体舆论监督工作，妥善处理法院与媒体的关系，保障公众的知情权、参与权、表达权和监督权，提高司法公信力。明确了对于公开审判的案件，新闻媒体记者可以旁听。	过于泛泛，没有规定媒体直播庭审的具体程序要求。

续表

时间	法规、文件	改革思路	不足之处
2009年	《关于司法公开的六项规定》	要求各级人民法院应当逐步建立和完善互联网站和其他信息公开平台。探索建立各类案件运转流程的网络查询系统。	庭审公开内容规定不够详细，缺乏可操作性。
2010年	《最高人民法院关于人民法院直播录播庭审活动的规定》	明确了可选择直播、录播的案件为公众关注度较高、社会影响较大、具有法制宣传教育意义的公开审理的案件，详细规定了不得进行庭审直播、录播的案件类型。建立了庭审直播、录播的核准制度。	过分限制了可直播、录播案件的案件范围，核准制度过于僵化和严苛。
2013年	《最高人民法院关于推进司法公开三大平台建设的若干意见》	人民法院应当积极创新庭审公开的方式，以视频、音频、图文、微博等方式适时公开庭审过程；人民法院应当加强科技法庭建设，对庭审活动全程进行同步录音录像，做到“每庭必录”，并以数据形式集中存储、定期备份、长期保存。当事人申请查阅庭审音像记录的，人民法院可以提供查阅场所。	没有规定公众查阅庭审音频、视频记录的程序，相关的查阅权没有制度保障。
2014年	最高人民法院工作报告	强调要加强司法公开技术支撑，建设科技法庭，推进庭审全程录音录像。	

续表

时间	法规、文件	改革思路	不足之处
2018年	《最高人民法院关于人民法院通过互联网公开审判流程信息的规定》	突出“通过互联网”公开审判流程。	突出审判流程公开的精神，具体制度缺乏可执行性。

第二节　我国网络庭审直播的发展及代表性案例

一、网络庭审直播在司法实践中的发展历程

（一）我国庭审直播施行的现实原因

除前文中所述的庭审直播与审判公开的法理依据外，我国网络庭审直播的实施和发展也有着很迫切的现实原因。一方面为了削弱百姓心中对法院的质疑，做到阳光司法，提高法院的公信力；另一方面希望通过庭审直播的方式规范法官的审判行为，树立公正廉洁的法官形象，建设一支信仰法律坚守正义的法官队伍，同时也是因为新时代高新科技的发展为法院的庭审直播工作提出了新任务、新要求，法院也必须跟紧时代的脚步。

法院在百姓心中是一个比较神秘的地方，院墙似乎把法院与外面的世

界隔离，人们不知道法官每天是如何工作的，在审判台上的法官是如何审理案件的，这也是很多百姓带着好奇的心态去法院旁听案件的原因。近年来，随着广受社会关注度案件的发生，沈阳刘涌案、南京彭宇案、天津许云鹤案、广州许霆案、西安药家鑫案、重庆李庄案等案件的动向吸引了很多目光，但是很多人都不清楚这些案件在审判过程中是如何进行的，人们对这些案件的最终了解只是媒体对于判决书正文部分的报道。但是这样的报道是远远不够的，在裁判文书还没有统一规定上网之前，百姓很难看到这些案件的判决。民事案件对于证据的罗列，刑事案件对于检察院起诉书的摘抄，使得案件的判决缺少实质性说理的内容。法官很少在判决中利用法律逻辑和法律推理为公众明晰裁判结果的形成过程，对于没有经过专业法学知识训练和法律思维培养的普通社会公众来说，很难在判决书中看到有用的信息。

正是因为法官职业群体的神秘感，案件审理过程的不透明，以及裁判结果说理的不明确，才使得社会公众对法院有着各种非善意的揣测。因为人们会认为只有眼见才能为实，不把法院的审判过程公示在众人眼前，这样的司法审判程序一定存在不可告人的秘密和问题。尤其是法院的判决和民意的导向不一致的时候，大家理所当然地认为审判活动有猫腻，法官收受了不义之财，徇私枉法，进而对法官这个职业群体产生较低的职业评价。很多人认为法院也是名利场、关系场，能够胜诉的关键不在于事实和证据，而在于关系。既然都是通过人脉关系，很多人便选择自主解决，甚至通过以暴制暴的报复方式解决矛盾和纠纷，造成社会秩序新的不稳定。这样的心态也将我国的司法审判工作妖魔化，折损了法院和法官的社会形象，造成了不良的社会效果。2013 年 3 月 17 日，十二届全国人大一次会议表决通过了关于最高人民法院工作报告的决议。其中赞成票2218票，反对票605票，弃权120票，虽获通过，但近三分之一的代表没有投赞成票，赞成率跌至新低，在“一府两院”工作报告中排名最后。[①]

“阳光是最好的防腐剂”，司法公开无疑是深化司法体制改革、促进社会公平正义的有效手段。为了摆脱法院司法公信力下降的困境以及回应社会公众对法院的非善意揣测，法院要做的就是以自己的实际行动证明自身工作的合法性和正当性。而最好的方法，就是敞开法院的大门，欢迎社会公众走到法院的工作中来，了解法官的审判工作，了解案件判决形成的事实认定过程。但是这样的工作同样存在局限性，对于法院审理的案件而言，能够容纳的旁听人数毕竟有限，也无法满足路途遥远、行动不便群体的需求。所以，与其希望公众走进来，不如自己走出去，积极主动地将法院的审判环节展示在社会公众的眼前。这也是充分利用了视频传输录制的高新科技，利用现代手段实现异地实时互动。科技的发展不仅丰富和便捷了我们的生活，也为法院的司法公开提供了新思路、新方法。

（二）我国法院庭审直播工作的发展过程

从我国关于庭审直播的规定中不难看出，在相当长的一段时间里，法院对于庭审直播、录音录像是很谨慎甚至忌讳的。从1994年的《法庭规则》到1999年的《最高人民法院关于严格执行公开审判制度的若干规定》，再到2007年的《最高人民法院关于加强人民法院审判公开工作的若

①《第十二届全国人民代表大会第一次关于最高人民法院工作报告的决议》，载《中华人民共和国全国人民代表大会常务委员会公报》2013年第5期。

干意见》，都无一例外地对媒体记者对于庭审过程的录制和采访进行了许可性规定，但许可的层级越来越高。如此限制的原因，一方面来源于法院对于自身审判工作的不自信，另一方面源于很多法院确实不愿意在摄像机面前进行审判工作，更不愿意通过同步直播的方式将自己的审判过程向全社会进行发布，这会让他们产生一种心理压力。

而随着建设社会主义法治国家的导向，国民法治意识的加强，很多民众对于法院的审判工作产生了兴趣，想要了解庭审的具体过程，很多电视台也都开办了以直播或者录制庭审现场为主要内容的节目，以满足法治宣传教育的需要和广大观众的收视需求。20 世纪末，很多轰动一时的案例便通过媒体的镜头，采用直播的方式将庭审过程第一时间传递到千家万户。最早进行庭审直播的案例是在 1996 年 2 月，广州市中级人民法院电视直播番禺“12 · 22”特大劫钞案，获得了很好的社会反响。[①] 有了这次成功的先例之后，中央电视台在 1998 年 7 月 11 日，对北京市第一中级人民法院审理的国内十大电影制片厂诉电影著作权被侵权案进行了现场直播。这是中央电视台首次对庭审的案件进行同步现场直播。这次直播历时近 4 个小时，对于法庭调查、法庭辩论、宣判的过程都做出了完整的反映。这次直播的另一重要意义在于，对于知识产权领域的保护引起了社会民众的关注，取得了很大的社会反响。[②]

前文中提到，电视台对案件进行直播报道的好处之一，是电视节目可以利用自身媒体平台的优势，邀请法学专家和社会学者参与到节目中来，

---

① 康学良、王剑平、邱岳巍:《番禺特大劫钞案审判直播记》，载《新闻知识》1996 年第 8 期。

② 林景玲、曲善邦:《法制类电视节目小议》，载《新闻传播》2001 年第 3 期。

对法院的审理程序和案件的实体情况进行解释和分析，帮助观众更好地理解案件。1999 年 4 月，中央电视台在对綦江虹桥垮塌系列案的审理进行直播的过程中，就邀请了专家进行点评，引起了广泛的社会关注。不仅仅是电视台，以音频资源传播社会信息的广播电台对庭审直播的发展也起到了重要的作用。2001 年 4 月 21 日，中央人民广播电台对张君、张泽军特大杀人抢劫案的宣判过程进行了直播。

随着时代的发展和进步，电视和广播等传统媒体已经不能满足社会公众了解新闻热点的需要，频道和时间的有限性，使得很多案件的庭审过程不能在电视和广播中进行直播，这些媒体也只能选择社会广泛关注、比较具有代表性的案件进行报道。很多人，尤其是年轻人不再将电视、广播作为获得新闻信息的第一选择，智能手机、平板电脑、计算机等设备承载的网络资源很好地满足了他们的需要。网络庭审直播在这样一个社会环境下“粉墨登场”。“网络庭审直播第一案”“薄熙来案”都是网络庭审直播的代表性案件。[①] 很多法院建立的官方微博、官方微信账号、庭审视频直播网都是充分利用网络资源发布庭审信息的媒介。

在信息时代的大背景下，法院以信息技术为载体推动庭审直播的工作也取得了可喜的成绩。2003 年，中国法院网专门开通了庭审网络直播频道，很多地方法院先后开通网络直播平台。最高人民法院在 2010 年 10 月印发了《关于确定司法公开示范法院的决定》，在全国范围内选出 100 家法院作为“司法公开示范法院”，并制定《司法公开示范法院标准》，明确量化考核标准。很多法院内部也将司法公开作为法官个人业务考核的一部

① 对于网络庭审直播的代表性案件，笔者将在下一部分进行专门论述，这里只做简略说明。

分，凸显司法公开的重要性。目前已有数百家法院顺应了信息化潮流，建立了官方微博，很多法院也尝试采用图文直播的方式对案件庭审信息进行发布。2011 年 3 月 17 日，山东莱阳法院通过新浪微博对一起买卖合同纠纷案进行了微博庭审直播，这次直播历时 1 小时 20 分钟，展现了法官和双方当事人在法庭调查、法庭辩论等环节的发言。这起民事案件，虽然在社会上得到的关注并不多，却开创了我国微博庭审直播的先河，具有积极意义。2013 年 7 月 10 日，湖南省高级人民法院发布了庭审唐某诉某市劳动教养管理委员会一案的信息，并于 7 月 15 日在官方微博公布了 5 张图片和一些概述性信息，遗憾的是，湖南高院未在微博中对案件的庭审情况进行详细直播。2013 年 12 月 11 日，中国法院庭审直播网正式开通，利用这个网站平台，公众可以以视频的形式观看到全国各地法院的庭审实况。

但是在网络庭审直播发展的过程中，同样存在实际问题。一是网络媒介的信息更新迟缓，公众平台成了“摆设”或是宣示司法公开态度的工具。很多法院虽然建立了官方微博、公众微信账号，或者在法院官方网站专门设立网络庭审直播或司法公开的专栏。但是上传资源数量少，信息更新缓慢的现象并不罕见。很多法院的官方网站甚至几个月没有上传新的文件，发布新的消息。二是法院的公众平台发布的消息涉及网络庭审直播、司法公开的相对较少。更多涉及政策导向、法律法规解读、法官活动的介绍，社会公众无法利用这些平台找到自己需要的信息。同时发布的内容原创性不足，存在转发上级法院、同级法院发布信息的情况。三是发布信息的滞后性和选择性。由于民事案件、刑事案件、行政案件引起的社会关注度、社会效果不同，法院出于回避矛盾的角度考虑，更愿意发布不太敏感的案件，发布信息通常要经过层级的行政审批，使得信息的新鲜度下降，很多时候在新闻媒体上得到的案件信息都要比法院发布的信息更及时。四是网络平台上法院与公众的互动性不强，很多法院发布消息之后就觉得大功告成，对于公众在回复中的疑问采取消极处理的态度，并不去积极解答疑虑。这样反而更容易造成公众对法院审判工作的误解。五是很多法院到目前为止还没有开通官方网站或者微博、微信等公众平台。笔者在对全国100家司法示范法院关于网络庭审直播的调研中发现，很多基层法院上传至官方网站的视频存在不清晰或者无法播放的情况，甚至网页根本无法打开。

（三）我国庭审直播实践操作中的四种模式

1. 以法院为主导的模式

这种模式是目前我国司法实践中最为普遍的，也是法院在进行庭审公开时喜欢选择的。这种模式属于主动公开的范畴，既然主动公开，法院在公开的内容、公开的范围、公开的形式上往往拥有很大的自主选择权。现在很多法院根据最高人民法院的要求建立了官方微博、公众微信账号，建立庭审视频直播网，或者在自己法院的官方网站上对正在庭审的案件进行同步视频直播，或者是将录制好的庭审视频音频资料上传到官方网站上进行点播。如果这样做是建立在法院自主自愿的基础上的，必然大大有利于庭审公开工作的展开与推广，庭审公开的力度和范围也将在短时间内得到加强和扩大。这也是法院进行自我管理、规范审判人员业务行为的一部分，不仅可以防范司法腐败，也可以督促审判人员锤炼业务素质，精通法律规范，充分遵守庭审规则，注重审判的公平与效率。而法院通过这种方式录制的视频、音频资料，也可以作为法院重要的庭审记录，推动法院庭审方式的改革。

但既然是自主选择，有时法院在进行庭审公开的时候，也会根据案件的实际情况并结合自身的利益或者社会风险进行选择。哪些案件公开的庭审内容多一些，哪些案件庭审内容公开的少一些；哪些案件可以用同步视频直播的方式公开，哪些案件需要提前录制，经过后期加工剪辑才能公开；等等。融入了法院的主观因素之后，庭审公开的施行便不再那么单纯。所以这同样引发了一个问题，就是社会公众对于法院自主公开的信息到底能相信多少。如果法院公开的信息与新闻媒体、与互联网报道的信息不一样，社会公众更容易相信哪一个？所以，法院树立司法权威和公信力与全面推进庭审直播是互为因果，相互促进和补充的关系。

同时，法院是否能够及时传递庭审信息也是一个问题。很多法院的官方微博、微信公众账号、官方网站、庭审视频直播网很长时间都不更新庭审内容。或者说这些方式仅仅是起到应付上级法院或者宣示自己进行庭审公开的作用。对于法院来讲，建立这些网站、账号并不难，难的是如何利用好，法院树立的思维应该是“做得好”，而不是“我做了”。拥有公开的媒介和手段只是庭审直播这项工程的第一步，重要的是如何坚持走下去，通过这样的方式将法治思维、法治理念传递到每一位公民的心中，使法治深入人心。

2. 以新闻媒体为主导的模式

这种模式在美国、巴西等国家发展得比较好，这些国家都专门建立了有关庭审直播的电视频道或者电视台。在我国，媒体主导的庭审直播近几年发展得也很快，尤其是一些牵动社会公众眼球的大案要案，也得到了媒体的广泛关注，他们会通过向法院申请的方式，进入法庭中对庭审的过程进行直播或者录像，用于电视播放或者报道。在网络、电视普及的今天，这也成了很多人关注法院庭审案件的主要途径。这种模式最大的好处是能最大限度地保证庭审直播内容的客观真实性，因为媒体并不是法院，一个局外人对法院的庭审信息进行直播和报道更容易得到社会公众的信任。媒体电视台、网站还可以利用自身播出平台的优势，邀请法学专家学者参与到节目的直播和录制中来，从专业的角度对案件的事实证据情况、法院的审理程序、法官的审判行为进行评点和解释，更有助于观众了解案情，理解裁判结果。但是，新闻媒体经过法院许可之后录制的视频音频资料是否应得到法院的审查才能播放，或者法院是否可以因为一些原因对媒体资料进行剪辑和删减，都是这种模式必须面对的问题。

前文中也曾提到，最高人民法院在 2007 年颁布的《关于加强人民法院审判公开工作的若干意见》第 23 条规定：通过电视、互联网等媒体对人民法院公开审理案件进行直播、转播的，由高级人民法院批准后进行。这条较之以往的规定，批准媒体对庭审的直播、录播的法院级别更高，客观上加大了庭审直播获得许可的限制和难度。这样不利于媒体进行庭审直播模式的发展。

3. 法院和新闻媒体联合的模式

这种模式是法院和新闻媒体合作的产物，尤其是对于很多社会关注度高的案件而言。新闻媒体从追求收视率、获取第一手新闻资料的角度考虑，希望法院能够允许自己进入法庭中去拍摄录制。法院为了满足社会公众对于正在审判案件的关注，希望媒体能够参与进来，以局外人的身份对法院的庭审工作进行报道，尤其是当最终判决与民意导向不一致的时候，可以借助媒体平息消化社会上的负面情绪。这可谓是一种各取所需的模式，很多电视台、广播电台播出的知名节目就是以法庭实时审判的案件为主要内容的。2001 年中央人民广播电台与最高人民法院办公厅推出大型纪实专栏节目《现在开庭》，这是我国广播界首次将庭审实况制作成广播节目向全国播出。中央电视台法制频道的《庭审现场》则是以电视节目的形式展示法院庭审实况的有益尝试。不过《现在开庭》和《庭审现场》都不是严格意义上的庭审直播，因为其对庭审过程都有一定的剪辑和评论，而且在播出时间上也具有滞后性，应该属于“录播”的范畴。2009 年 6 月 7 日，河南省高级人民法院通过河南电视台法制频道的《走进法庭》节目，对河南省通许县人民法院一起民事案件的审判过程进行了庭审直播。这些都是法院与新闻媒体共同进行庭审直播的有益尝试。①

4. 以当事人为主导的模式

这种模式在其他一些国家是允许的，旁听者可以在旁听的过程中将案件的进展情况通过私人微博传送到外界，律师也可以在庭审过程中发布微博传播最新的庭审动态。但这些做法在我国都不允许，对于旁听人员自带数字设备进行网络直播的行为，法庭规则中有禁止拍照、录像、通过微博、微信传递案件庭审信息的规定。对于律师、被告人通过微博传送庭审信息的行为，在我国也曾有过争论，很多案件的律师也曾在庭审中实施过这样的行为，对于这方面的内容，笔者将在下一部分通过具体案例进行论述和分析。

① 参见何家弘、王燃：《法院庭审直播的实证研究》，载《法律科学（西北政法大学学报）》2015 年第 3 期。

二、网络庭审直播的代表性案例及社会效果

（一）网络视频直播案件第一槌

2014年6月11日，北京市高级人民法院行政庭敲响了高级法院网络视频直播案件第一槌。中国法院网、北京法院审判信息网全程直播庭审过程。本次开庭审理上诉人杨俊不服被上诉人中华人民共和国环境保护部2013年第111号《环境保护部政府信息公开告知书》上诉案。合议庭围绕案件争议焦点，组织当事人展开法庭调查、质证、辩论。庭审程序严谨、规范，充分保障了当事人的诉讼权利。[①]

这是我国高级人民法院通过网络媒介进行庭审同步视频直播的第一案，具有重大的历史意义，也是我国法院在司法公开、庭审直播工作上的又一次突破。网络视频直播，可以最大限度地将庭审过程呈现在公众眼前，克服了传统文字直播、图片直播的不足，是各级法院全面推进司法公开工作的新角度、新方法。

（二）薄熙来案

2013年8月22日至26日，山东省济南市中级人民法院对薄熙来涉嫌受贿、贪污、滥用职权一案进行了审理。除了在审判庭容纳了100余人进行旁听之外，济南市中级人民法院还官方微博上共发表近16万字的图文直播了这场引发强烈关注的审判，微博直播也使数亿人可以在第一时间了解庭审信息和审判进展的情况。在薄熙来案第一次开庭审理前，济南市

---

① 吴华兵:《北京市高级法院敲响视频直播案件第一槌》，载《法庭内外》2014年第7期。

中级人民法院抽调了专业人员组建微博小组，由该小组专门负责薄熙来案的微博直播工作，发布与案件有关的内容信息。“2013 年 8 月 18 日，该院开通了实名认证的新浪微博‘济南中院’，当日发出第一条信息，就是‘将于 8 月 22 日上午审理被告人薄熙来受贿、贪污、滥用职权一案’的公告。在庭审的 5 天期间，共发布微博 119 条，其中有关庭审程序的文字内容 69 条、反映庭审实质内容的长微博 38 条、图片（包括法律规定）10 条、音视频内容 2 条。9 月 22 日宣判当天，‘济南中院’发布微博 33 条，其中有关法庭程序的文字内容 12 条，长微博 19 条，其主要内容为宣读判决要点和判决书全文。‘济南中院’8 月 18 日开通并发出第一条信息的当天，粉丝量为 2400。薄熙来案庭审开始后该微博关注人数暴涨：22 日上午 8 点 30 分，第一次开庭时，粉丝 6.8 万，16 点就跃升到 27 万；23 日下午 16 点，粉丝达到 41 万；24 日 16 点，粉丝 47 万；25 日 16 点，粉丝 54 万；26 日 16 点，粉丝 58 万。庭审结束后，‘济南中院’的关注度有所降低，关注人数下降数万。但到该案宣判日期将近，该微博重新变火。9 月 21 日，粉丝 53 万；22 日 8 点，粉丝 55 万，当天 22 点，粉丝数再次达到 58 万。”[①] 由此可见，社会公众对于薄熙来案的关注程度十分高。

济南中院微博庭审直播的标志性意义在于“首次采用图片、文字、音频、视频相结合的多媒体形式微博直播，比如 8 月 23 日 12:04 公布的薄谷开来证言同步录音录像，8 月 22 日 16:36 公布的证人唐肖林作证音频等，可以说这次音视频的公布是微博直播史上的一次进步，也更加适应了新媒体时代的需要。济南中院采用长微博的文字的形式全面、详细还原庭审现

① 张文祥、周长军:《双重视角下的薄熙来案庭审微博直播考察》，载《新闻记者》2013 年第 10 期。

场，使受众既能直观了解事件进程，甚至能透过文字去了解人物性格。发布微博数量较大，仅在庭审期间已达250余条，且每条的转发及阅读量均较大"[①]。该案采用的微博直播形式，将"庭审直播""微博直播"等名词带入了公众的视野，在全国各地的司法系统掀起了微博庭审直播的热潮。

案件引发的社会效果及意义重大，说薄熙来案为世纪审判，笔者认为一点也不为过，不仅仅是从犯罪嫌疑人之前的身份角度分析，这个案件在进入刑事诉讼程序之后得到的关注程度之高也是空前的，很多人都十分关心案件的审理进程和审判结果。济南市中级人民法院通过微博图文直播的方式，尽最大可能再现了庭审时的情景，让数亿人足不出户便能了解案件的最新动态，体现出法院对于案件庭审公开所呈现的积极态度，也在社会上得到了公众的广泛赞誉和好评，获得了很高的综合满意度，是我国法院利用微博这一新兴的网络庭审直播平台进行审判公开的成功实践。

与济南市中级人民法院的微博直播形成互动的是，国内多家媒体对济南中院的微博直播进行了报道。从各大网站和报刊报道的标题，就可以看出各大媒体对济南中院给予的积极评价。[②]

薄熙来案在网络庭审直播的发展史上具有标志性的意义，但是不可否认的是该案采用的微博图文直播的方式也存在着固有的不足和缺点。微博

① 刘彤：《关于微博庭审直播的思考——以济南中院公开审理薄熙来案为例》，载《新闻传播》2014年第1期。

② 部分媒体对于本案网络庭审直播的报道见人民网：《薄熙来案庭审过程微博直播具标志性意义》；大公网：《微博直播公审薄熙来中国法治自信让公众兴奋》；人民网：《从薄熙来案公审感受法治中国的力量》；文汇报：《薄熙来案审讯彰显中国司法透明化》；光明网：《薄案庭审直播彰显中央领导集体高度自信》；环球时报：《微博直播，带来意外更带来公众信心》；浙江日报：《微博直播薄熙来案开中国司法史先河》。

庭审直播并不能完全取代庭审视频直播，录音录像更接近亲临现场带来的生动直观的效果，能够最大限度地满足社会公众的知情权和监督权，这些都是微博直播无法做到的。仅针对薄熙来案而言，社会公众显然更希望看到案件的视频直播，微博直播发布信息具有明显的错时性，有可能公众看到的信息是法院经过处理的信息，而这些信息正是公众更为关注的庭审细节，所以微博直播如何最大程度还原真实的庭审情景，减少对于程序瑕疵的掩盖，成为其必须面对的问题。

（三）黎庆洪涉黑案

黎庆洪案同样引发了社会的广泛关注。其到底是“打黑”还是“黑打”，到底是黑社会被绳之以法还是刑讯逼供下的冤狱成为人们关注的焦点。这一案件的庭审从 2012 年 1 月 9 日开始。庭审第一天，法庭仅允许了新华社等 3 家媒体进入。到了 1 月 13 日，法庭开始禁止持贵州省省外身份证的旁听者进入，不少记者被挡在了门外。[①] 但是记者的离开并没有降低这起案件本身的热度。黎庆洪案的直播也是采用微博的形式，但是与薄熙来案不同的是，微博发布的主体并不是审理案件的人民法院，而是黎庆洪的辩护律师。由此也引发了关于律师是否可以在庭审中通过私人微博发布庭审消息的讨论。

2012 年《最高人民法院关于适用〈中华人民共和国刑事诉讼法〉的解释》第 249 条和第 250 条对庭审过程中法院之外的人员使用自带多媒体设备对庭审活动进行录音、录像、摄影等行为作出了规定。第 249 条：“法庭

① 参见冯姣：《禁止庭审微博直播与审判公开关系之探析》，载《法治研究》2013 年第 8 期。

审理过程中，诉讼参与人、旁听人员应当遵守以下纪律：……（三）不得对庭审活动进行录音、录像、摄影，或者通过发送邮件、博客、微博客等方式传播庭审情况，但经人民法院许可的新闻记者除外；……”第250条第1款：“法庭审理过程中，诉讼参与人或者旁听人员扰乱法庭秩序的，审判长应当按照下列情形分别处理：……（四）未经许可录音、录像、摄影或者通过邮件、博客、微博客等方式传播庭审情况的，可以暂扣存储介质或者相关设备。”这两条规定可以表明法院对于当事人、辩护人、代理人、旁听者通过多媒体设备或者网络途径进行网络庭审直播的禁止态度。

在司法实践中，确实有某些律师因为用手机对庭审过程进行录音而严重违反法庭纪律导致被拘留，也有法院出现过旁听者因为用纸笔记录旁听的案件内容而被法警驱逐出法庭的情况。这些情况也引发了笔者的思考，对于所谓的庭审记录到底应保持一个怎样的严格的尺度？利用任何方式对庭审过程和内容进行记录是否一概不可？

贵州省贵阳市小河区人民法院审理的“黎庆洪涉黑案”可以说是辩护律师在庭审中发送微博、博客的问题的开始。在庭审的过程中，有多名辩护律师利用微博传播法院的庭审情况，也可以理解成另外一种方式的网络庭审直播。而辩护律师的这种行为没有得到法官的允许，在庭审中，辩护律师与法官之间引发了比较激烈的矛盾，甚至还有律师被驱逐出法庭。从律师的角度来说，他们对于最高法院对律师使用多媒体手段进行庭审直播作出的禁止性规定更多的持有异议态度。他们认为在目前司法不公、审判权缺乏有效的外部监督以及辩护权得不到保障的情况下，律师通过博客、微博及时报道或者揭露法庭上、庭审中发生的违法行为，可以使法院的审判活动接受更广泛的社会监督，从而有利于减少违法的审判行为，推动司法公正的实现。[1]最高人民法院对此行为作出禁止性规定的主要理由是，实践中，个别诉讼参与人当庭利用电脑、手机等直播庭审情况，试图引发舆论关注、炒作，制造舆论压力，这显然干扰了人民法院依法独立、公正审判。[2]由此可以总结出，双方都从程序正义的角度对辩护律师的网络庭审直播的行为进行了解读，但是得到的结论却大相径庭。从职能分工的角度来说，根据2012年《刑事诉讼法》第35条规定，在庭审中辩护律师主要的职能和任务就是根据事实和法律，提出犯罪嫌疑人、被告人无罪、罪轻或者减轻、免除其刑事责任的材料和意见，维护犯罪嫌疑人、被告人的诉讼权利和其他合法权益。所以说，辩护律师在庭审中的一切行为都应该围绕辩护而展开，将主要的经历投入交叉询问、举证质证、法庭辩论中，根据有利于己方的事实和证据，说服法官产生有利于犯罪嫌疑人、被告人的自由心证，进而维护被追诉人的程序利益和实体利益。同时，从有效辩护的角度来说，我国虽然没有建立美国的死刑有效辩护制度，但是从辩护律师与被追诉人的委托代理关系来分析，辩护律师在接受委托的同时，就应该全身心投入对被追诉人的辩护工作中来，不能在庭审中一心二用，要专心关注庭审中发生的各种事情，及时调整辩护策略，对于控方证据的瑕疵应该及时提出和反驳，在法律限度之内实现被追诉人庭审利益的最大化。 当然，也不排除一些律师通过这样的方式在委托人面前刻意表现出自己努力辩护，赢得委托人信任和好感的心态。

在这场案件的庭审过程中，很多人都通过黎庆洪辩护律师的微博关

① 参见韩旭：《法庭内的正义如何实现——最高人民法院刑事诉讼司法解释中法庭纪律及相关规定》，载《法学》2013年第6期。

② 张军、江必新主编：《新刑事诉讼法及司法解释适用解答》，人民法院出版社2013年版，第254页。

注着这场庭审。在本案中，律师发布微博的原因一方面在于回应社会的关注，另一方面想通过庭审信息的公开引发社会更广泛的关注，用舆论的力量给法院形成压力，促使其在正当程序下作出正确的裁判。对于律师是否可以在庭审中发布微博或者说律师发布微博的做法是否合理的问题，在律师对司法公正、程序正当存在质疑的情况下，其实是一个无法讨论和解决的问题。原因在于发送微博只是这一事实的表面，深层意义在于我们的公安司法机关是否从保障被追诉人人身权利、兼顾案件实体与程序公正的角度去进行职业行为。辩护律师也好，法院也好，都只是关注了事情的一个层面，如果不解决深层次的问题，律师在庭审中发布微博进行网络庭审直播将面临无解的尴尬境地。

（四）李庄案

2009年，重庆市黑社会性质团伙主要嫌疑人龚刚模被起诉，原辩护律师为李庄。当地检察院怀疑李庄唆使嫌疑人及证人伪造证据，令嫌疑人谎称被警方刑讯逼供。检察院随后以诉讼代理人毁灭证据、伪造证据、妨害作证等罪名对其提起公诉。该案于2009年年末至2010年年初进行了一审和二审，李庄二审被判处有期徒刑一年六个月。[①]

李庄案本身就是极具代表性的案例，也引发了刑事辩护律师群体对于执业风险的再度考量。当然，李庄案也推动了刑事诉讼立法的发展。2012年《刑事诉讼法》第42条第2款规定辩护人违反第41条第1款规定时，应当依法追究法律责任，辩护人涉嫌犯罪的，应当由办理辩护人所承办案

① 参见（2010）渝一中法刑终字第13号判决。

件的侦查机关以外的侦查机关办理。以此作为对律师执业风险的一重保障。李庄案在审理的过程中，有记者得到法院的允许做文字记录，但是不准录音。记者们偷偷地发布消息“转播”了案件的进展情况，民众也借此了解到了案件的庭审信息。李庄案作为重庆“打黑”时期的代表性案例，在全国范围内引起极大的反响，尤其是对于刑事律师辩护权的行使和存在现实执业风险的关注。如何在保障自身合法权益和人身安全的同时，维护犯罪嫌疑人和被告人的正当实体利益和程序权利，成为刑事诉讼法在制度构建时必须思考的问题。

（五）王书金强奸、故意杀人案

1994 年，河北石家庄发生一起奸杀案，当时年仅 19 岁的聂树斌被当成凶手处以死刑。2005 年，王书金交代 1994 年发生在石家庄的奸杀案。2013 年 6 月 25 日上午，河北高院在邯郸中院开庭再审“王书金案”，并于 9 月 27 日上午 10 时公开宣判上诉人王书金强奸、故意杀人一案，判处被告人王书金死刑，剥夺政治权利终身；犯强奸罪，判处有期徒刑十四年，剥夺政治权利五年，决定执行死刑，剥夺政治权利终身。[①]

王书金案引发社会广泛关注的原因不仅是案件本身属于严重侵害公民人身权利的案件，更是因为这起案件与“聂树斌”案有着直接的关联。2013 年 6 月 24 日，河北省高级人民法院预告将对王书金案的二审进行微博直播。在整个庭审的过程中，河北省高院通过发布实时微博的方式，对案件的审判程序、举证质证情况、事实调查情况向公众进行了公开。在 6

---

① 唐彬：《王书金案开审，聂树斌案真相何时浮出水面？》，载《东莞日报》2013 年 6 月 27 日。

月25日的庭审中，公布了三张照片和一些概述性信息，在7月10日的再次审理中，开通了话题“王书金案庭审播报”，详细直播了被告人、公诉人、辩护人、检察人员等之间的对话。[①] 很多人通过河北省高院发布的信息了解案件的审判进程，并发表自己的观点和意见。

（六）快播案

“被媒体称为‘2016年互联网开年第一案’的快播案，几乎受到全国人民的关注，除了案情争议大之外，最吸引眼球的莫过于20多个小时‘一刀未剪’的微博视频直播，27条长微博全程庭审播报，以及4万人同时在线所创造的惊人数据。”[②]

“快播”事件的发生可以追溯到2013年11月，当时，腾讯视频、乐视网、优酷土豆视频、搜狐视频等多家视频网站和版权方联合发起了“中国网络视频反盗版联合行动”，这次行动主要针对“快播”、百度视频的网络视频盗版和倒链行为。一个月后，国家版权局认定“快播”公司的视频盗版事实成立。2014年5月，深圳市市场监督管理局拟对“快播”公司涉嫌盗版侵权一事作出2.6亿元罚款的行政处罚决定。同年8月8日，“快播”公司法人代表王欣在韩国被抓获并被押解回国，随后司法机关对王欣采取了强制措施。2015年2月6日，北京市海淀区人民检察院以涉嫌传播淫秽物品牟利罪为由起诉“快播”公司以及王欣等四名高管。2016年1月7日至8日，北京海淀区人民法院对“快播”公司传播淫秽物品牟利罪进

---

① 刘彤:《关于微博庭审直播的思考——以济南中院公开审理薄熙来案为例》，载《新闻传播》2014年第1期。

② 张黎:《从叙事交流看“快播案”的庭审微博直播》，载《海峡法学》2016年第4期。

行了开庭审理，在庭审的过程中，中国法院网、北京法院网进行了全程的视频直播。

在“快播”案庭审直播的过程中，很多民众通过“中国法院网”和“北京法院网”观看了同步视频直播，最高峰时段同时有4万人在线观看，累计观看人数超过100万，若单纯从传播技术角度出发，庭审直播并未经过剪辑处理，且选用的摄像头以及麦克风等效果并不理想，但依然得到广泛关注。与视频直播相补充的是，北京市海淀区人民法院通过官网微博平台，在1月7日至8日先后发布27条长微博对案件的庭审情况进行全程图文报道。截至1月10日，该图文话题页显示累计阅读次数已达3600余万次。遗憾的是，从传播技术上来讲，“快播”案的庭审画面质量没有达到民众的预期，也没有比其他案件的直播画面更清晰。在法庭角落放置的三四个固定摄像机和麦克风对比略显杂乱拥挤的法庭空间，同步摄像收音的效果很难让人满意，庭审视频虽未经过剪辑，最大限度地还原了庭审，但是冗长的庭审过程不免让人抓不住重点而感到厌倦，这些都大大降低了庭审直播的吸引力，影响庭审程序的传播效果。很多观看者认为，“快播”案视频画面的可看性甚至还不如地方电视台的法制节目。

但不可否定的是，“快播”案庭审直播反映出海淀区人民法院对于民众关注案件的积极而正面的回应。能够直播，敢于直播，是人民法院工作自信、接受民众监督、开放司法资源的重要表现。但是，民众对于庭审直播的要求，已经不再满足于了解案件情况，更在于视频画面的清晰，音频的流畅，内容的完整。人民法院庭审直播的目标，不是直播了，而是直播好。“快播”案庭审直播没有经过任何剪辑加工，也暴露了录音录像设备的技术短板，不管是设备更新迟缓，还是法院技术不过硬的问题，都亟待法院解决。一次庭审直播像一面反光镜，可以折射出人民法院的工作状态和工作效果，以视频直播为主体、图片文字直播相结合的庭审直播工作，还有很长的路要走。

第三节　我国香港、澳门地区立法对网络庭审直播的保守态度

我国香港、澳门地区具备较完善的审判公开制度，但相较我国内地，对于司法公开的现代化形式——网络庭审直播的态度却十分保守。

一、香港地区的相关规定

我国香港地区的审判公开制度使法院对社会公众保持着高度的透明，对于公开审判的案件，允许任何公民和记者旁听。但与之完全相反的是，香港地区禁止在法庭内拍照、录音、录像和在互联网上发微博。

香港审判公开制度源于香港人权法案。《香港人权法案条例》第 10 条规定，“在法院前平等及接受公正公开审问的权利。人人在法院或法庭之前，系属平等。任何人受到刑事控告或因其权利义务涉讼须予判定时，应有权受独立无私之法定管辖法庭公正公开审问。法院得因民主社会之风

化、公共秩序或国家安全关系，或于保护当事人私生活有此必要时，或因情形特殊公开审判势必影响司法而在其认为绝对必要之限度内，禁止新闻界及公众旁听审判程序之全部或一部；但除保护少年有此必要，或事关婚姻争持或子女监护问题外，刑事民事之判决应一律公开宣示”。

《香港司法程序报道管制条例》规定，基于社会风化、公共秩序或者国家安全的原因，出于保障当事人生活隐私的利益所需，以及法庭认为基于某种特殊情况，若公开审讯势必影响司法公正的情形，法庭可以禁止旁听或禁止新闻报道。2005 年 5 月 31 日，香港终审法院原首席法官李国能签署发布了《高等法院、区域法院、家事法庭和土地审裁处的民事法律程序中的内庭聆讯》(实务指示 25.1)。该指示以附件的形式详细列举了高等法院、区域法院、家事法庭和土地审裁处内进行的民事法律程序中的不公开审理和通常不公开审理的共 11 类 50 余种案由，并规定了当事人申请不公开审理如何处理、公开与不公开之间的转化程序，具有很强的实务指引功能，可操作性极高。公开聆讯的案件，新闻界和公众人士可以旁听；非公开的聆讯是不对外开放的，新闻界和公众人士均被禁止旁听。所有内庭聆讯（正审或非正审）必须公开，但法定条文已明确规定某些法律程序不得公开的、法令规定禁止新闻界和公众列席的情形除外。[①]

《香港司法程序报道管制条例》规定：“基于社会风化、公共秩序或国家安全的原因；出于保障当事人生活隐私的利益所需；以及法庭认为基于某种特殊情况，若公开审讯势必影响司法公正等情形，法庭可以禁止旁听或禁止新闻报道。”

---

① 蒋惠岭:《香港澳门的司法公开制度与启示》，载《法律适用》2013 年第 4 期。

香港法庭对于新闻媒体是十分开放透明的。法院公开审理的案件，媒体记者可以自由旁听，既不需要表明记者身份，也不需要出示有效身份证件。法庭设有专门的媒体席，如果媒体席不能够满足记者人数的需求，法庭会把公众席的一部分留给记者。旁听庭审时，记者不可以利用互联网发微博，也不可以对庭审活动进行录音，以免对正常的庭审活动产生影响，尤其是干预证人的立场。记者可以在旁听后报道案件，并对案件的审理情况作评论。值得注意的是，无论媒体对案件审理评价是褒是贬，法官所要做的都是保持中立。但是，对于正在审理的案件，法庭禁止媒体进行评论。记者对于案件审理活动的报道，不可以影响法庭的结论，否则就有可能构成藐视法庭罪。

二、澳门地区的相关规定

我国澳门地区《司法组织纲要法》第9条规定，“法院的听证是公开的，但因涉及公共秩序、法院正常运作、善良风俗或隐私，法院本身依据诉讼法律的规定以附理由的批示做出相反决定者除外”。澳门地区刑事诉讼法一般不允许任何针对诉讼行为之影像或者声音传送，尤其是听证之影像或声音，但司法当局已批示许可传送者除外。由此可见，澳门对于庭审中的录音录像行为同样采取禁止的态度，但是也规定了例外情形，所以还是可能进行庭审直播的。

第四章 我国网络庭审直播制度的实证考察

本章以31家高级人民法院和最高人民法院确定的100家第二批司法公开示范法院网络司法公开平台及其网络司法公开平台上的庭审直播专栏为考察样本，对人民法院官方网站建设情况、官方网站上开通网络庭审直播状况、网络庭审直播的形式、网络庭审直播效果评估、网络庭审直播案件种类及案件数、网络庭审直播开播时期、网络庭审直播的点播率等方面进行调查分析，通过数据描述我国网络庭审直播的运行情况，总结我国网络庭审直播存在的问题。

第一节　数据统计的范围及分析方法

本课题在对庭审直播制度进行理论分析的同时，通过调研得到了大量数据，对庭审直播制度进行实证研究，以期使法学理论与司法实践紧密结合、相互支撑。

一、数据统计的调查样本及时间范围

（一）以全国31家高级人民法院和最高人民法院确定的100家第二批司法公开示范法院为调查样本

如上所述，我国网络庭审直播的主要主体为各级人民法院，主要方法为通过法院网站建立庭审直播专栏供观众点播观看。本部分的主要目的是对我国网络庭审直播制度进行实证考察，进而对其开展情况分析、对其运行情况进行描述，最后分析其存在的问题。

本课题首先以全国各省、直辖市、自治区的高级人民法院（除台湾地区、香港及澳门特别行政区，余下同）为分析对象，分别对上述共计31家官方网站进行访问，考察内容主要针对各高级人民法院的法院网、司法公开网、庭审直播网的建设情况，以及各网站上庭审直播专栏的建设情况，庭审直播的视频或图文的数量、点播次数和播放质量。其次以最高人民法院2012年12月28日确定的100家全国第二批司法公开示范法院为分析样本，通过对它们的级别、直播形式、直播案件数、开播时间、播放效果等进行调查，进而总结和发现我国现行的网络庭审直播制度的运行状况、成果和问题。

本次调研之所以没有选取法院的微博平台作为考察的重点，是因为近两年微博在我国的使用率和受关注率下滑，已经逐渐被新兴的网络社交平台所取代。但是法院的官方网站从建立以来一直是司法公开的重要平台，具有更强的代表性和稳定性。

（二）数据显示的时间维度

考察分为初访、复访和再访，对各省、直辖市、自治区高级人民法院的初访时间为2015年7月7日至12日，复访时间为2015年10月，再访时间为2018年7月1日至3日。对100家司法公开示范法院的初访时间为2015年7月21日至8月21日，复访时间为2015年10月6日，再访时间为2018年7月1日至3日。复访主要是针对初访时无法打开的网页或链接进行的，对于再次无法打开的还采用了更换浏览器和计算机的方式以保证测试的准确性。再访主要针对各法院两年来网络庭审直播的建设发展情况。

二、数据获取及分析方法

本课题的调查数据全部来源于对各法院官方网站的调研。通过对调查样本的官方网站进行逐一浏览调查，得出所需数据，进而归纳总结，服务于课题研究内容。

采用的分析方法主要为抽样调查，在全国四级多家法院中选取了100家司法公开示范法院，对其网络庭审直播情况进行调查分析。此样本选取的原因在于，最高人民法院确定的司法公开示范法院在司法公开工作方面处于且代表了全国法院的较高水平，其工作成果受到最高人民法院的肯定。另外，还对全国31家高级人民法院进行了调查。各省、自治区、直辖市高级人民法院的庭审直播工作的展开对于其所辖的行政区域具有指导和引领作用，对于下级人民法院庭审直播工作有重大的影响。因此，对高级人民法院网络庭审直播的状况进行调查具有重要的意义。

第二节 我国31家高级人民法院网络庭审直播开展情况分析

一、作为网络庭审直播载体的法院官方网站的建设情况

在对31家省、直辖市、自治区高级人民法院的官方网站进行考察后发现，31个调查样本全部建设了自己的法院官方网站。其中，建立了专门的庭审直播网的有6个，分别是黑龙江、河北、河南、山东、江苏和北京，占全部调查样本的19.35%。建立专门的司法公开网的有5个，分别是四川、湖北、浙江、吉林和甘肃，占全部调查样本的16.13%。另外，各地法院网的建设情况较好，几乎都以本地高级人民法院网站为基础建立起了法院网。

二、网络庭审直播开展情况

经考察，31家高级人民法院全部在其网站（包括官网、庭审直播网、司法公开网）主页上设置了庭审直播项目，点击进入后，半数以上的项目能链接到中国庭审公开网上该法院及其所辖法院的庭审直录播内容。中国

庭审公开网建成之后极大地促进了各级法院的网络庭审公开建设。

三、网络庭审直播开展的地区差异

按照我国国家统计局的划分标准，可以把作为分析样本的 31 个高级人民法院划分为东部、中部、西部和东北四大地区。① 根据 2015 年的初访结果，样本中包含的东部地区 10 省市的高级人民法院中开通网络庭审直播的有 9 个，占整个东部地区分析样本总数的 90%，占当时全国（除台湾地区、香港及澳门特别行政区，余下同）开通网络庭审直播的 22 个高级人民法院的 40.91%；中部地区 6 省的高级人民法院中开通网络庭审直播的有 4 个，占整个中部地区分析样本总数的 66.67%，占当时开通网络庭审直播的 22 个高级人民法院的 18.18%；西部地区 12 省、市、自治区的高级人民法院中开通网络庭审直播的有 6 个，占整个西部地区分析样本总数的 50%，占当时开通网络庭审直播的 22 个高级人民法院的 27.27%；样本中包含的东北地区 3 省的高级人民法院全部开通了网络庭审直播，占当时开通网络庭审直播的 22 个高级人民法院的 13.64%。

从初访得出的上述各项数据分析可知，当时高级人民法院开展网络庭审直播情况是：东北地区最好，随后依次是东部、中部、西部地区。随着

---

① 根据国家统计局 2011 年 6 月 13 日的划分办法，为科学反映我国不同区域的社会经济发展状况，为党中央、国务院制定区域发展政策提供依据，根据《中共中央、国务院关于促进中部地区崛起的若干意见》、《国务院发布关于西部大开发若干政策措施的实施意见》以及党的十六大报告的精神，将我国的经济区域划分为东部、中部、西部和东北四大地区。其中，东部地区包括：北京市、天津市、上海市、河北省、山东省、江苏省、浙江省、福建省、台湾省、广东省、香港特别行政区、澳门特别行政区、海南省；中部地区包括：山西省、河南省、湖北省、安徽省、湖南省、江西省；西部地区包括：内蒙古自治区、新疆维吾尔自治区、宁夏回族自治区、陕西省、甘肃省、青海省、重庆市、四川省、西藏自治区、广西壮族自治区、贵州省、云南省；东北地区包括：黑龙江省、吉林省、辽宁省。

中国庭审直播网的开通，目前我国31家高级人民法院虽都已开通网络庭审直播，但是2015年的初访结果仍具有重要的分析价值，从中可以清晰地看出，各高级人民法院网络庭审直播的开展状况与经济发展水平有着很大的关系。

第三节　对100家全国第二批司法公开示范法院的分析

被调查的100个样本，含中级人民法院40家（包括专门法院1家），基层法院60家。其中，东部地区法院40家（含东北地区），中部地区法院24家，西部地区法院33家。本课题分别从法院官方网站建设情况、网络庭审直播开展情况、直播形式、直播效果、直播数量以及地区差异等方面对调查样本进行分析，以考察我国网络庭审直播运行的实际状况，总结成就、发现问题。

一、人民法院官方网站建设情况

我国第二批100家司法公开示范法院，在2015年10月的调查访问中，有自己官方网站的法院有91家，无官方网站的有9家。没有建设官方网站的9家法院分别是，绍兴县人民法院、赣州市中级人民法院、安福县人民法院、九江市庐山区人民法院、怀化市中级人民法院、邵阳市中级人民法院、益阳市赫山区人民法院、日喀则地区中级人民法院、五家渠市（垦区）人民法院。上述9家中包含中级法院4家、基层法院5家。其中浙江省1家，湖南省3家，江西省3家，西藏自治区1家，新疆生产建设兵团1家。在2018年7月的再查访问中只剩下绍兴县人民法院、日喀则地区中级人民法院、五家渠市（垦区）人民法院3家法院没有建设自己的官方网站。

100个调查样本中，有35家法院官方网站是依托中国法院门户网站"中国法院网（www.chinacourt.org）"建设的；余下法院一部分是依托本地区高级法院网建设而成，如黑龙江省的三家被调查法院，其网络域名都含有"hljcourt.gov.cn"，且全部庭审视频都被链接到了黑龙江法院视频台；另一部分是依托当地政府网建设而成，如宁夏回族自治区的两家被调查法院，其网络域名中都含有"nx.gov.cn"。

二、官方网站上开通网络庭审直播状况

在97家开通了官方网站的被调查样本中，在官方网站上开设"庭审直播"专栏的有44家，占开通了官方网站的被调查样本总数的45.36%，不到一半。而且44家中还有3家法院只是网站首页上有庭审直播项，点击进去后并没有任何内容。没有在官方网站开设"庭审直播"专栏的法院有53家，占被调查样本总数的54.64%，如果把上述三家没有内容的法院也归入此列的话，则57.73%的被调查法院虽有官方网站但没有开通庭审直播。没有开通网络庭审直播的法院在被调查样本中占多数。在开通网络庭审直播且有直播内容的41家法院中，有基层法院20家和中级人民

法院 21 家。

三、网络庭审直播的形式

在开通网络庭审直播且有直播内容的 41 家法院中，直播的形式主要有两种，分别是视频直播和图文直播。其中，采用视频直播庭审的法院有 35 家，采用图文形式直播庭审的有 6 家，分别占 85.37% 和 14.63%。可见，采用视频直播形式的是大多数。

虽然被称为庭审“直播”，但是大多数法院采取的播放形式为“录播”。还有少数法院采取的是实况直播和录播同时进行的形式，将已经结束的庭审录像放在“直播回顾”中供点播观看。如北京市西城区人民法院，其庭审直播栏目下既有“正在直播”，又有“直播预告”，还有“直播回顾”，方便观众选择观看。另外，有些法院只有实况直播的形式，且直播后不再提供再次播放，即在开庭时不在网上实时观看则失去了观看庭审直播的机会，如盘锦市中级人民法院。

四、网络庭审直播效果评估

通过对建有网络庭审直播的调查样本的登录浏览，对直播案件的观看效果进行评估。为了保证调查结果的公正性，所有调查样本的打开观看都在同一台电脑同一网络环境下进行。对播放效果的评估分为好、中、差和不能播放四个等级。

“好”是指播放流畅，缓冲时间少于 30 秒；“中”是指播放较流畅，缓冲时间少于 1 分钟；“差”是指播放不流畅，缓冲时间超过 1 分钟；“不能播放”是指打不开链接，或加载失败等不能观看的情况。

经过评估，41个被分析样本中，被评估为好的有30家，占总数的73.17%；被评估为中的有6家，占总数的14.63%；被评估为差的有5家，占总数的12.2%；没有不能播放的情况。

五、网络庭审直播案件种类及案件数

在开通网络庭审直播且有直播内容的41家法院中，对于案件的直播类型都没有特别的回避，案件类型包括民事、刑事和行政诉讼案件。综合比较，较民事和刑事案件而言，行政诉讼的直播案件较少，这也是与实务中行政诉讼案件数量较少的实际相符合的。以河南省为例，在全部直播案件中（2015年10月访问），民事案件占了相当大的一部分，有59086件，占64%；刑事案件25142件，占27%；行政案件3229件，占4%；巡回法庭3320件，占4%；其他还包括减刑假释、再审等案件1088件，占1%。

从直播案件数来看，41家法院呈现出非常大的差异性。例如，柳州市中级人民法院，从2011年3月24日起至2015年11月10日为止，直播案件数达6015件；又如，延边朝鲜族自治州中级人民法院，从2015年1月31日开通庭审直播后至2015年11月10日止，只直播了1起案件。多数被调查法院的直播案件数为100—500件。

六、网络庭审直播开播时期

经过调查，41家被调查法院开通庭审直播的时间段并不统一。总体来看集中在三个时间段，分别是2007年、2011年和2015年。开通时间与当时的司法政策、司法行政以及相关的法律法规的出台有着非常紧密的关系。

2007年最高人民法院颁布《关于加强人民法院审判公开工作的若干意见》，要求有条件的人民法院对于庭审活动和相关重要审判活动可以录音、录像，建立审判工作的声像档案，当事人可以按规定查阅和复制；通过电视、互联网等媒体对人民法院公开审理案件进行直播、转播的，由高级人民法院批准后进行。该意见颁布后，下级人民法院积极响应，如北京市东城区人民法院于2007年5月31日、北京市西城区人民法院于2007年6月5日开通了网络庭审直播。

2010年最高人民法院颁布实施《关于人民法院直播录播庭审活动的规定》，明确了可选择直播、录播的案件为公众关注度较高、社会影响较大、具有法制宣传教育意义的公开审理的案件，并详细规定了不得进行庭审直播、录播的案件类型，建立了庭审直播、录播的核准制度。随后，在2011年、2012年又有一批人民法院开通了自己的网络庭审直播，如柳州市中级人民法院、乌鲁木齐市中级人民法院、长沙市天心区人民法院等。

2014年10月20日至23日中共十八届四中全会在北京召开，提出构建开放、动态、透明、便民的阳光司法机制的要求，进一步深化司法改革，规范司法权力运行机制，积极保障人民群众参与司法，加强对司法活动的监督，不断提升审判流程规范化、信息化、科学化水平，切实推进司法公开和保证公正司法。2014年11月13日最高人民法院及20省市审判流程信息网开通。在这样的背景下，大批的人民法院开通了网络庭审直播，如青岛市中级人民法院、珠海市中级人民法院、长春市宽城区人民法院等。

第四节　我国网络庭审直播运行情况描述

一、总体运行初显常态化

全国 31 家高级人民法院（除港澳台）全部在其官方网站（庭审直播网、司法公开网、法院网或高级人民法院网）上开设了网络庭审直播、录播专栏或链接。在 97 家开通了官方网站的司法公开示范法院中，在官方网站上开设“庭审直播”专栏的有 44 家，占开通了官方网站的被调查样本总数的 45.36%，这其中既包括中级法院也包括基层法院。

我国网络庭审直播开展于 2007 年，之后不断在全国范围内推行，直播数量不断积累，直播案件范围不断扩大。对于各级人民法院而言，网络庭审直播已成为固定化、常态化的工作内容。有些省份的庭审直播制度落实得特别突出，例如，河北省从 2015 年 6 月 1 日起，省高院依法公开开庭审理的民商事案件全部网络直播；同年 6 月底前，中级法院依法公开开庭审理的民商事案件全部网络直播；并且要求 2015 年 12 月底前，基层法院依法公开开庭审理的民商事案件全部网络直播。目前，河北 188 家法院的 501 个数字法庭已全部纳入河北高院数字法庭综合管理平台。

河南省在网络庭审直播的展开以及庭审直播常态化方面表现得也非常突出。仅 2014 年 11 月 11 日至 2015 年 11 月 11 日，全省三级法院庭审网络视频直播各类案件达 28889 件。目前，河南省各级法院庭审直播工作能够做到年初安排有计划、庭审直播有标准、遇到问题有措施、庭审结束有总结，实现网络庭审直播常态化、效果最大化。另外，河南省高院下发了《全省法院庭审网络视频直播实施细则》等文件，并不断根据情况的变化，对细则进行修改和完善，对全省法院庭审网络视频直播任务进行细化分解，对庭审网络视频的直播范围、审批程序、直播流程、舆情风险评估、评论回复以及定期报告制度等都作出了详细规定，并将该项工作纳入年终绩效考核。

广州市中级人民法院2014年9月24日正式开通两级法院庭审网络直播平台，按照法律规定，除了涉及国家秘密、个人隐私、未成年人犯罪和法律另有规定的依法不公开开庭审理的案件外，其他案件没有特殊情况均进行网络直播。视频页面由法官席、公诉人席、辩护人席、被告人席、全景五个画面和一个备用窗口组成，备用窗口用来播放需要展示的证据。

总体看来，我国网络庭审直播从无到有，从只有一两家法院尝试到全国范围推广，我国司法公开的发展以及庭审记录方式的改革取得了巨大的成绩。对于大多数开展庭审直播的法院来说，每个月进行多少庭审直播，从计划申报、核准再到直播，对直播网络、微博等进行管理已经成了工作的常态。但是，在成绩的背后还是能发现，各地区庭审直播的开展水平并不平衡，东、中、西部差距较大，个别地区还存在网络司法公开平台建设不成熟或者根本没有网络司法公开平台的现象。这其中应该既包含经济发展原因也包含对于庭审直播价值认识不同的原因。

另据中国庭审公开网统计，截至2017年12月31日，全国法院已累计直播庭审案件超过56万场，单日最高直播量超过4000场，单场观看量最高超过1162万人次，主网站及关联网站总观看量超过42亿人次，且继续呈爆发性增长趋势；全国已有38206名员额法官在中国庭审公开网直播庭审案件，其中包括各级法院的院长、副院长 530 名，年直播 40 起以上案件的法官有 296 名。[①] 中国庭审公开网强力营造司法公开新常态，有力地促进了司法公开，提升了司法公信力，应用成效显著。

二、网络庭审直播体系和直播模式日趋成熟

最高人民法院已经建成“中国法院网庭审直播栏目”、“中国庭审直播网”、“中国审判信息网”和“全国法院微博发布厅”四大平台。在这四大平台基础上，对各地法院的庭审直播平台进行整合，已经初步建立起了全国统一的法院庭审直播系统。大部分省、自治区、直辖市的高级人民法院也建立起了以本院官方网站、官方微博、微信公众号为平台的网络庭审直播系统。

在全国法院庭审直播的模式选择上，从调查数据可以看出，是以网络视频直播为主，以图文直播为辅；以录播为主，以实况转播为辅。在被调查的 131 个样本中没有以音频作为直播形式的法院。在直播案件类型上，基本分为刑事、民事、行政和其他四大类。庭审直播效果总体上较好。

由此可以看出，我国已初步建立起以最高人民法院司法公开信息四大平台以及各高级人民法院官方网站为依托和样本的网络庭审直播体系和模式。中国庭审公开网是人民法院继裁判文书公开、审判流程信息公开、执行信息公开之后的第四大司法公开平台。

早在 2013 年年初，最高人民法院新闻传媒总社（以下简称总社）即牢牢把握司法公开发展的大势，借助互联网新技术研究开发中国法院庭审

---

① 董永霞:《中国庭审公开网促进司法公开作用日益突显》，载《人民法院报》2018 年 1 月 14 日，第 1 版。

直播网，于当年12月上线运行，并为部分省、自治区、直辖市法院直播了大量庭审案件，受到社会各界的广泛关注和好评。2015年4月，经过层层审核评选，中国庭审直播网入选国家新闻出版改革发展项目库（重点项目）。2016年，在最高人民法院的决策部署下，总社作为庭审公开网的官方建设和运营单位，与新浪网开展战略合作，借助新浪网的技术和资金优势，在原有平台的基础上共同打造中国庭审公开网，于同年9月27日正式上线运行，并向全国推广。其间，总社两次组织全国知名专家、学者、律师等召开研讨会，就庭审公开的理论基础和社会价值、推进庭审直播可能存在的风险和问题等进行了深入的探讨和论证，并连续两年在全国法院媒体融合发展会议上作为重点工作予以安排，着力提高社会各界包括各级法院对庭审公开的认知，加大推广力度。截至2017年年底，已接入中国庭审公开网的法院达到3314家，约占全国法院总数的94%，其中27个省、自治区、直辖市法院实现100%覆盖，人民法院庭审公开全覆盖的目标初步实现。

2016年12月4日至12月16日，中国庭审公开网举办了“2016第三方评价中国庭审公开网庭审活动”，来自中国、美国、德国、新加坡等国家的193位法律界人士组成第三方评价团，对24个省、自治区、直辖市164家法院报送参选的164件民事、刑事、行政案件进行打分评价，促进提升各级法院庭审规范化水准，取得了令人满意的社会效果。新华网、网易、凤凰网、今日头条、腾讯等网络媒体对活动作了专门报道，随后纷纷与总社开展战略合作，共同致力于做大做强庭审公开事业，多渠道分发的庭审公开总体架构由此形成，中国庭审公开网作为全国法院统一、权威的司法公开平台，作用日益凸显。

但是，经过调查不难发现，我国各级法院和不同地区的法院对直播体系和模式的选择并不统一，最高院的四大直播平台也给下级法院体系选择造成了困惑。有些法院为了规避风险选择了稳妥的图文直播，但是图文直播易造成不完全直播和造假的可能。

三、网络庭审直播日趋制度化

在 2014 年 3 月召开的全国人民代表大会上，最高人民法院的工作报告强调要加强司法公开技术支撑，建设科技法庭，推进庭审全程录音录像。而且，人民法院第一和第二、第三个五年纲要中都指出要规范庭审直播。由此可见，推广庭审直播依然是法院为加强审判公开和维护司法公正而作出的努力之一。最高人民法院于 2010 年颁布的《关于人民法院直播录播庭审活动的规定》已经就庭审直播的主体、案件、审核等问题作出了比较具体的规定，由此我国的庭审直播初步形成制度化。

第一，直播主体为人民法院；直播媒介为电视、互联网或者其他公共传媒系统；直播方式为图文、音频、视频的直播、录播；直播原则为依法、真实、规范。第二，直播案件的选择权归于法院，但是对于以下几类案件，不得进行庭审直播、录播：涉及国家秘密、商业秘密、个人隐私、未成年人犯罪等依法不公开审理的案件；检察机关明确提出不进行庭审直播、录播并有正当理由的刑事案件；当事人明确提出不进行庭审直播、录播并有正当理由的民事、行政案件；其他不宜庭审直播、录播的案件。第三，直播案件实行申报、审核制度。人民法院认为案件需要进行庭审直播、录播的，由有关审判庭按照规定的程序申报，并填写庭审直播、录播申报表，提交案件重要的诉讼文书。最高人民法院的直播、录播申报程序和申报表由最高人民法院制定，地方各级人民法院的直播、录播申报程序和申报表由各高级人民法院制定。庭审直播、录播实行一案一审核制度。人民法院进行网络庭审直播、录播的，由审判庭向本院有关部门提出申请。有关部门审核后，报主管副院长批准。必要时，报上级人民法院审核。人民法院通过中央电视台进行庭审直播、录播的，应当经最高人民法院审核。通过省级电视台进行庭审直播、录播的，应当经高级人民法院审核。

该规定颁布后，各级人民法院先后根据实际需要制定了庭审直播的实施细则。例如，河南省高院制定下发了《关于全省法院庭审网络视频直播规定（试行）》和《全省法院庭审网络视频直播实施细则》，对直播案件的范围选择、审批程序和直播中应当注意的问题等都作了明确规定。吕梁市中级人民法院在 2013 年颁布了《关于落实〈关于人民法院直播录播庭审活动的规定〉的实施办法》，等等。

最高院的规定以及各地方法院针对庭审直播制定的细节和实施办法等构成了我国现阶段庭审直播的制度体系。

第五节　我国网络庭审直播存在的问题

一、各地区网络庭审直播发展不平衡——物质保障和政策引导对于庭审直播发展的重要性

我国网络庭审直播开展的时间并不短，但是真正形成规模并取得全国性进展还是在由最高人民法院主导的中国庭审公开网建成之后。根据2015年初访和复访的结果分析，地区经济发展不平衡导致网络庭审直播的发展也出现了相应的不平衡状态。全国各地区之间发展的不平衡是当时我国庭审直播面临的一个突出问题。从高级人民法院开展网络庭审直播情况的初访结果分析：东北地区最好，三家高级人民法院全部开通了网络庭审直播；其次，东部地区开展很好，10省市的高级人民法院中开通网络庭审直播的有9个；再次，中部地区6省的高级人民法院中开通网络庭审直播的有4个；最后，西部地区12省、市、自治区的高级人民法院中开通网络庭审直播的有6个。在对第二批司法公开示范法院的调查中也可以发现，无论是官网建设还是庭审直播的开展，东部地区至少从数字上看都要好于中西部地区。另外，同样在东部地区，也存在着地区之间发展的不平衡。

从2016年中国庭审公开网建成至今，全国31家高级人民法院及其下级法院已全部接入中国庭审公开网，形成了全国“一张网”。由此可见，针对网络现代化背景下的司法实践，“由上而下”的推进效果要好于“由下而上”。由于网络庭审直播的发展需要一定的硬件、软件支持和较高的物质保障，在“由下而上”的发展模式中各地经济发展状况直接影响到网

络庭审直播的发展。

二、网络庭审直播形式化——司法行政、司法政策对于庭审直播的影响

（一）从直播数据上看，部分法院直播数量少、点击量少、不更新，使庭审直播流于形式

从直播案件数量和更新的频率来看，被调查样本呈现出很大的不同，有些法院一年内直播的案件数能达到上千件，而有一些法院几年就直播过一件，有些法院每天都在更新直播栏目，而有些法院很少上新直播。从点击观看率来看，有些法院的个别受关注的案件点击率较高，而许多直播案件存在点击率个位数甚至为零的尴尬现象。

司法行政化在庭审直播制度运行上有着很深刻的体现。司法行政化在我国司法实务中有很多种表现形式，例如，庭审直播案件的“一案一审批制”以及很多法院已经实行的直播案件数量与“绩效考核”挂钩的科层式司法管理模式，这些都是司法行政化的典型表现。司法行政化的过度运行会导致司法权的运行脱离司法程序的约束。开通网络庭审直播的目的在于推进司法公开，让更多的公民接近司法、监督司法。

以上直播数量少、点击量少、不更新的问题都导致了我国现阶段网络庭审直播的开展形式意义大于实际意义。

（二）从内容上看，对案件的选择过于保守使庭审直播成了审判公开的一种走过场的形式

对于法院来说，保险起见，有时会有倾向性地选择那些在法律和道德的层面不会引发过多舆论争议的，案情较为简单明了的案件。与其说是接受人民监督，不如说是应付上级任务。例如，部分法院把法官定期进行庭审直播的案件数列为考评的指标，使庭审直播变为法官的任务。这种做法对于推进庭审直播的开展具有十分积极的作用，但是同时又导致了庭审直播的被动化，扭曲了庭审直播的制度宗旨。目前我国的庭审直播是法院精心选择后的结果，最后出现在公众视野里的公开案件有多少能够真正地兼具普法教育与监督的功能值得商榷。产生此问题的原因在于，庭审直播案件的范围没有一个明确的划分，在立法的层面上有所欠缺，对于适合实行庭审直播的案件范围和不适宜实行庭审直播的案件范围仍然没有具体的条文政策出台。法院愿意公开进行直播的，案件才得以直播。而且就目前的状况来看，有相当一部分法官对辩论公开不加以重视，对当事人提出的辩论意见采取漠视的态度，往往在庭审结束之后才进行对案件的思考与裁判，这意味着认定案件相关证据、查明案件事实以及如何适用法律的工作均是在庭审结束后才进行的，庭审直播也成了审判公开的一种走过场的形式而已。

三、直播体系和模式不规范——缺乏全国统一的庭审直播体系和模式要求

从对各法院网站庭审直播的抽样来看，可以发现有些法院的庭审直播

已经相当成熟，具有统一的直播体系和模式。例如，在网络视频/图文庭审直播系统中，河南和江苏的做法就比较规范，其按照高级人民法院、中级人民法院和基层人民法院的管辖范围设置全省的庭审直播体系，并且按照案件种类分为民事案件的庭审直播、刑事案件的庭审直播和行政案件的庭审直播等。广州市中级人民法院明确，视频页面由法官席、公诉人席、辩护人席、被告人席、全景五个画面和一个备用窗口组成，备用窗口用来播放需要展示的证据。

但是，大部分地方法院的庭审直播体系还没能达到这样的水平，部分法院的庭审直播体系不太规范。例如，有些法院的网站开设了庭审直播的栏目，但是对直播的案件没有分类，或者零星杂乱；视频页面也存在画面单一、只有远景画面或只有法官和书记员图像的问题；有些法院的网站把庭审直播设置在网站的子栏目之中，令人很难查找和观看，影响了庭审直播的效果。而且，被调查的所有法院都没有设置直播案件检索功能。这样，公众如果想观看某一具体的案件直播不得不从成百上千甚至上万的案件视频或图文中寻找。

在网络微博庭审直播问世之后，各地法院纷纷开设官方微博，并以“各自为战”的方式进行推广宣传，但是相当混乱，既不利于管理，也不利于收看。2013 年 11 月，最高人民法院在新浪网进行认证并开设“全国法院微博发布厅”，对全国已经认证的法院微博账户进行统一管理，这一混乱状况才有所好转。

四、对于庭审直播制度的价值认识过于单一——忽视了庭审直播对于法庭记录方式改革的重要意义

现阶段大多数法院对于庭审直播制度的功能和价值的理解都拘泥在促进司法公开、司法监督的层面。正是对于庭审直播的制度价值认识过于单一导致了数据上反映出的庭审直播形式化的种种问题，使得实务中大多数法院对于庭审直播的态度过于消极和被动。在被调查的100家法院中，真正开通庭审直播专栏的只有44家，占总数的44%。被调查的法院都是司法公开示范法院，是在司法公开各方面表现较为优秀的法院。那么可以推测，其他的中级和基层人民法院的庭审直播开通率要比44%还低。

下级法院对于庭审直播的消极态度源于主客观两方面原因。客观方面是缺乏资金支持和技术保障。因为庭审直播的展开与其他制度不同，需要较大的前期资金、设备和人员的投入，缺乏物质保障便不能达到很好的直播效果。主观方面就是法院对于庭审直播的功能和价值理解，直播会给法院和法官增加一定的心理压力，如果法院只简单地把庭审直播理解为要公开接受监督，那么对于庭审直播多数是被动接受的。

庭审直播制度的价值有两个方面，一方面就是被熟知和认可的司法公开以及司法监督价值，另一方面是其对于法庭记录方式改革的积极意义。庭审视频、音频和图文资料属于庭审记录资料、卷宗材料，具有证据意义。现今我国的庭审记录主要是采用书记员或速记员当庭记录的方式，笔录的完整性和真实性广受诟病，也给法院工作带来了很大的困扰。积极利用庭审直播资料，使其成为法院工作的证明，对于解决庭审记录问题具有很大的积极意义。利用庭审视频或音频实现庭审记录是减轻法院庭审记录

工作压力以及加强庭审记录准确性的必要方法和改革方向。

在大数据时代的今天，在已有的司法公开网络平台的基础上建立我国的法院庭审直播资料库与法院电子记录公共访问系统，于司法公开的深入进行、法庭记录方式改革、民事审判程序高度正当化都具有重大的意义。所以，加深对庭审直播制度价值的认识对于我国在各级法院全面推行庭审直播具有重要的作用。

五、缺乏完善的庭审直播规则——现行规则可操作性低

2010 年最高人民法院印发的《关于人民法院直播录播庭审活动的规定》，是我国开展网络庭审直播以来最为具体、详细的规范我国庭审直播的制度依据。但是，该规定全文只有 9 条，只是概括性地规定了以下主要内容：第一，直播主体为人民法院，媒介为电视、互联网或者其他公共传媒系统，方式为图文、音频、视频的直播、录播；第二，直播原则为依法、真实、规范；第三，直播案件的选择权归于法院；第四，直播案件范围；第五，直播案件的申报、审核制度。上述内容都存在规定过于泛泛、实务中可操作性差的问题。另外，我国现有的所有关于审判公开的法律法规都只是规定了法院决定何案进行庭审直播，这等于剥夺了当事人合意决定庭审直播的可能性。庭审案件的选择权不应由法院独自享有，而是应该通过当事人申请案件直播与法院选择案件直播相结合，进一步放开直播案件范围，赋予并尊重当事人直播案件选择权。

我国《民事诉讼法》第 134 条规定了“涉及国家秘密、个人隐私”两种法定不公开审理的案件类型，但当前我国法律体系中缺乏对国家秘密、个人隐私具体含义的明确界定。因此，不同的人对相同情形的解读结果

可能大相径庭，如著名的“黄静案”（我国首例律师泄露隐私纠纷案），该案一方面引起了公众对律师职业操守的关注，另一方面也引起了法官、学者、律师等对何为“个人隐私”的讨论。在该案的审理过程中，法院以涉及个人隐私为由没有公开审理，而一些学者则认为该案并不满足“涉及个人隐私”的不公开条件。那么，在当事人或社会公众与法官对“不公开条件”的解读观点不一致时，是否可对法院不公开审理“决定”进行抗辩？当法院的不公开审理决定被证明违反审判程序后，此种应当公开审理而未公开审理的案件判决是否有效？如果无效，这种无效性请求应当由谁提出，依据何种程序，是否应重新进入审判程序？如何进入新的审判程序？对于此类问题现行法律或司法解释均缺乏相关的规定。

对于负有重要使命且要在全国开展的制度而言，上述规定过于简单和缺乏可操作性。完善我国网络庭审直播制度首先要建立起我国的网络庭审直播的长效机制，建立长效机制的基础就是完善法规制度。

六、庭审直播社会效果的有限性——法院自身欠缺司法公开自觉性

司法公开制度的目的在于将审判活动公之于众，让社会监督法官的审判活动，因此，与之相应的是要求社会公众积极关注、主动参与。但是从我国的情况来看，网络庭审直播能否收到推动司法公开的理想效果，是一个需要商榷或者时间验证的问题。我国各级法院目前普遍采用的是通过官方微博和官方网站进行网络庭审视频直播的方式。但是这两种方式在实践操作上都存在一定的局限性。

首先是法院的官方微博或者官方网站是否会吸引公众的关注。中国

人的传统理念中便有“厌讼”思想。人们普遍认为诉讼是一件不好的事情。人们在发生纠纷的时候，若非矛盾严重到难以通过私立救济来调和、解决，通常不会选择到法院起诉，更别说完全与法院没有任何联系的其他人。所以，即使法院以司法公开的态度对自己的庭审进程通过官方微博、官方微信、官方网站、庭审视频直播网进行直播，也较少得到公众的关注。很多人使用微博都会关注自己感兴趣的明星、娱乐新闻，或者与亲友进行互动，相信很少有人愿意关注法院的微博，看看法院在审判什么案件。尤其是随着微信等其他交流软件的兴起，目前使用微博的人数已经开始下降，很多法院便通过建立微信公众账号的方式发布信息。但是微信公众账号同样面临关注人数少的问题，同时微信公众账号的主要作用在于推送一些文章和新闻，在网络庭审直播方便的效果更弱。而法院的官方网站同样面临这样的问题，其访问量远远没有达到司法公开预想的效果。所以，法院的官方平台常面临无人问津的尴尬局面，这与民众的心态有着密切的关系。这样，法院的官方微博、官方微信、官方网站的庭审直播专区甚至是庭审视频直播网起到的最大功能不再是向公众传递庭审信息，进行法律教育和宣传，而是宣示自己进行司法公开的态度。因为司法公开不仅是法院要做的事情，也是法院和社会公众一种双向互动的过程，而这个过程缺少了公众参与，便缺少了实际意义，也会使法院的网络庭审直播工作失去动力，进而影响网络庭审直播的发展。

其次是法院进行网络庭审直播的媒介和方式本身也存在问题，这个问题在法院通过官方微博进行网络庭审直播上尤为明显。由于微博更多传递的是图片和文字，所以其传递的信息具有明显的不完整性。观看者通过一组照片或者一段文字介绍只能了解一个时间段内庭审中发生的事情，而不能对庭审中的内容有一个完整全面的了解。因为其提供信息的间断性，也意味着微博中的信息具有筛选性，公众很有可能会认为法院官方微博提供的信息是已经经过处理和选择的信息，很多内容或者程序上的瑕疵已经被处理掉，进而对法院提供信息的真实性和可靠性产生怀疑。尤其是我国法院目前面临司法公信力下降的局面，当法院公布的信息与其他主体，如新闻媒体发布的信息不一致的时候，社会公众是否会相信法院也是很现实的问题。所以法院进行司法公开的社会效果和其司法公信力的提高其实是相辅相成、互相促进的关系，如果法院没有在公众心中树立足够的威信，即使其以公开坦诚的态度发布庭审信息，公众在信赖程度上也会大打折扣。

2018 年最高人民法院的工作报告指出，全国 3525 个法院和 10759 个人民法庭已全部接入专网，实现了“一张网”办案。从网络庭审直播的平台建设来看，最高人民法院于 2016 年建立中国庭审公开网，是汇集直播案件最齐全、直播案件数量最多的网站。此外，各高级和中级人民法院已基本建立完善的网站进行直播庭审，并在直播案件中设立专家解读、法官访谈等各具特色的栏目。相较于中级、高级法院，基层法院往往是处理纠纷的第一审法院，处理的案件数量庞大，直播的案件数量更多，但由于人力、物力有限，目前，基层法院只能在接入的上级法院的直播网站中进行案件直播。[①] 在一定范围内具有指导和示范效应的高级人民法院进行网络庭审直播的案件数量都并不可观，可见我国目前各级法院对于网络庭审直播更多呈消极态度。而且，不仅是庭审直播案件数量的问题，很多法院在开通官方微博之后，发布的微博信息也并不与庭审案件信息有关。很多微

① 杨林、李赫:《我国法院网络直播庭审现状及改进策略研究》，载《传媒论坛》2018 年第 12 期。

博只是转发上级法院或者同级法院的通知或政策性指令，以及法院自身的活动情况。微博数量少，更新慢，官方微博只是应付上级考核的对策、宣示审判公开态度的工具。很多法院对发布的微博庭审信息缺乏后续的互动和交流，对于网友的提问和质疑往往采取置之不理的漠视态度，法院应采取更为积极主动的方式，对案件的庭审情况进行进一步的解释和说明，以方便社会公众更清晰准确地了解案件的庭审情况，更好地实现网络庭审直播的效果。此外，很多法院在官方网站上传的视频资料存在链接无法打开、画面不够清晰、音质差、缓冲慢播放不流畅等问题，这些都严重影响了网络庭审直播的实际效果。对于网络庭审直播，法院的要求不是做过，而是做好，行为重要，效果更重要。只有这样，才能让司法公开的效果不打折扣。

第五章 完善我国网络庭审直播制度的措施

如前所述，我国网络庭审直播总体运行初现常态化，网络直播体系和直播模式日趋成熟，而且庭审直播正向制度化方向发展。但是，经调查，我国网络庭审直播还存在现有制度规则不完善、可操作性低，法院对于庭审直播制度价值认识单一、缺乏司法公开自觉性，网络庭审直播受司法行政、司法政策影响过大，形式化问题严重，缺乏全国统一的直播体系和直播模式规范要求，物质保障水平不同导致的网络庭审直播地区发展不平衡等问题。针对我国网络庭审直播的运行情况和存在的问题，本章提出了以下几个完善我国网络庭审直播制度的措施：一是建立网络庭审直播的长效制度机制，明确庭审直播的案件类型和条件，规范直播范围和内容，改革申报审核程序，统一庭审直播系统和模式。二是完善庭审直播配套保障和监督机制，首先，为解决网络庭审直播地区发展不平衡问题，必须建立物质保障机制，用以平衡地区发展。其次，要建立司法公开考核评价机制和督促检查机制，用以解决法院缺乏司法公开自觉性问题。再次，要建立长期、稳定的司法公开宣传机制，使群众能够积极知晓并参与到司法监督中来，也能够方便群众利用司法。最后，建立责任追究机制和举报投诉机制，对不践行司法公开、审判公开的行为要建立追责机制。三是把发展网络庭审直播与庭审记录方式的改革相互结合，建立我国法院庭审视频电子记录公共访问系统，形成稳定、有序的司法公开环境。

第一节　网络庭审直播原则的确立

网络庭审直播是我国司法公开现代化的重要形式之一。网络信息化的不断发展使庭审直播在司法公开工作中扮演越来越重要的角色。网络庭审直播在保障人民法院依法独立公正行使审判权、提高司法透明度、提升司法公信力、倒逼法官审判水平提升、普法育人等方面发挥了积极的作用。但是网络庭审直播凸显出的制度建设未同步、目标定位不明确、实时直播可能影响证人作证等问题需引起重视。这就需要我们明确庭审直播应坚持的原则。

一、依法进行原则

庭审直播必须依法进行，庭审直播的范围和内容必须严格依照法律规定，对于公开审理的案件可以进行庭审直播，而对于不予公开审理的案件和当事人明确提出不同意直播及其他不宜直播的案件则不能进行庭审直播；对于审判执行的过程、结果可以依法公开，但对于合议庭、审委会讨论案件的具体情况则不能公开。庭审直播必须依法推进，准确把握公开尺度，严格依法完善机制，不断拓展司法公开广度深度，实现庭审直播平台建设有序进行。

二、坚持全面客观原则

人民法院进行庭审直播必须保证直播内容的完整真实，应当对庭审活动的全部内容进行直播，不能故意删减或增加，要保证公众所获得的庭审信息完整无瑕疵，避免断章取义，使公众对庭审的态度建立在信息充分客观的基础之上，这也是保障社会公众信息知情权的必然要求。庭审直播时应当用客观、中立的词语发布，而不能使用带有某种倾向性、诱导性、蛊惑性等言辞误导公众。

三、坚持人民导向原则

庭审直播是人民法院践行司法为民的重要举措，要坚持人民群众需求导向原则，积极回应人民群众关切。新型网络媒体的发展为法院维护群众利益、回应群众司法诉求提供了新的渠道。通过庭审直播，法院一方面及时将案件审理信息、新法的实施和法治理念传达给群众，达到普法育人的目的；另一方面可以及时收集人民群众的司法诉求，了解群众关心的问题和疑问并合理解答，起到释疑解惑的作用。

四、坚持科技引领原则

信息技术的不断发展给人民法院的工作带来了新的机遇和挑战，庭审直播平台的建设要及时关注新技术、新应用的发展，坚持创新、开放、先进的理念，将互联网思维运用到庭审直播平台建设的每个方面。要适应大数据时代的要求，充分运用新型的高科技、信息化手段助推庭审直播平台建设，利用智慧法院建设的契机全面推进庭审直播工作，不断深化司法改革。

五、完善体制机制保障

法院要根据国家相关法律和最高人民法院的相关规定以及本地区本法院的实际建立相关制度规范，明确公开案件的范围、直播的内容、直播的方式及审核机制、日常的管理维护、应对突发情况的应急预案等，如针对实时直播可能会使证人提前了解案件审理而影响作证等问题出台方案加以限制等，让庭审直播合理规范运行。要加大对庭审直播的支持力度，在经费、人员等方面予以保障。

六、明确目标职能定位

庭审直播的主要作用是促进司法公开，宣传法制，普及法律知识。目前庭审直播的案件绝大多数是大案要案或新颖案件，具体到个案的选择，没有明确标准。然而人民群众对婚姻家庭、民间借贷、侵权等利益相关的案件较为关注，在案例选择上应有所侧重，要考虑到案件的法制教育意义，注意案件本身涉及的法律知识及直播的效果。

七、建立舆情监控机制

法院在庭审直播的同时要及时通过网络媒体对庭审直播内容引起的反响进行跟踪调查，及时关注网络留言和舆论导向，建立舆情监控机制。特别是对于一些大案要案及人民群众普遍关注的案件，要及时关注庭审直播后群众的反应，及时进行判后答疑和法制宣传，引导舆论走向。对于网络上恶意中伤或者误导群众的言论也要及时进行辟谣，甚至可以诉诸法律解决。[①]

第二节 建立网络庭审直播的长效制度机制

2010 年《最高人民法院关于人民法院直播录播庭审活动的规定》是我国开展网络庭审直播以来最为具体、详细的制度依据。但是，该规定全文只有 9 条，只是概括性地规定了直播的主体、媒介、方式、原则、选择权、范围，以及申报、审核制度。对于负有重要使命且要在全国开展的制度而言，上述规定过于简单和缺乏可操作性。完善我国网络庭审直播制度首先要建立起我国的网络庭审直播的长效机制，建立长效机制的基础就是完善法规制度。

由于庭审直播是通过传媒系统将法院对案件当事人的审判同步对不特定的公众公开播放，因此，从主体角度来看，庭审直播涉及司法机关独立行使审判权，关乎当事人合法权益的保护，有的案件还涉及对国家利益和

① 陈健:《庭审直播应坚持的原则》，载《人民法院报》2017 年 11 月 8 日，第 8 版。

社会公共利益的维护；从社会层面来讲，又事关公众的知情权以及公众和媒体对司法机关公正司法的监督权。各种利益的碰撞和多维的社会需求，要求法院在决定对相关案件进行庭审直播时，既要考虑国家公权力和个人私权利的平衡保护，又要考虑社会知情权和个人隐私权的协调，同时还要考虑法律效果和社会效果的统一。因此，在制度设计方面，要在司法公开原则的基础上，明确庭审直播案件的范围、审核程序及技术规范，使庭审直播工作在公开、有度、有序的状态下进行。

一、明确庭审直播的案件类型和条件

虽然《最高人民法院关于人民法院直播录播庭审活动的规定》明确，对于涉及国家秘密、商业秘密、个人隐私、未成年人犯罪等依法不公开审理的案件，检察机关明确提出不进行庭审直播、录播并有正当理由的刑事案件，当事人明确提出不进行庭审直播、录播并有正当理由的民事、行政案件，其他不宜庭审直播、录播的案件，不得进行庭审直播、录播。但是，上述规定不足以概括现有案件类型，且也有无法应对未来新出现案件类型的可能。

（一）明确禁止或限制庭审直播的特殊案件类型和其所保护的法益

在与《民事诉讼法》所规定的法定不公开审判和申请不公开审判案件类型保持一致的基础上，对于不公开庭审直播或者限制庭审直播案件，应该结合网络庭审直播的无限传播、多次播放、影响面广、公开程度高等特点，对庭审直播案件的类型和直播条件作出更为详细和谨慎的规定。例如，现行规定只明确允许当事人有正当理由可以申请不公开，但是案情如果涉及除当事人以外的利害关系人、被害人及其家属或者证人的利益或隐私时，利害关系人或证人等的法益该如何保障?

据此，选择进行庭审直播的案件，首先应充分考虑对国家秘密、商业秘密、个人隐私和未成年人合法权益的严格保护，要严禁播放含有传授犯罪手段及有伤风化情节的庭审内容。其次要树立诉讼当事人和参与人与案件无关的个人信息不能被传播的理念，如当直播中涉及与案情无关的诸如家庭住址、个人照片等自然人或法人的基本情况时，要进行必要的技术处理。因为对这些个人基本信息的适度保密并不对司法透明所追求的价值目标构成阻碍。另外，对有证人出庭的案件，让证人在公众面前曝光无疑会加重他们的心理负担。因此，对证人作证部分也应进行必要的技术处理。

（二）以“有案必播”为原则，对特殊案件建立“分级申请观看制度”

如果过分强调当事人、受害人、证人等诉讼参加人的隐私等利益的保护，会导致能够庭审直播的案件剧减，庭审直播会演变成法院宣传的“剧场”。如此一来，现有的庭审直播形式化问题会更加严重。因此，建议建立“分级申请观看制度”。所谓的“分级”是指把案件依据可公开程度分为若干级别，除被人民法院选出的案情简单、具有法制教育意义的案件可以随意观看外，对其他案件进行分级，每一级别都有观看条件，满足相应观看条件才允许有限观看，向庭审视频的管理机关申请。例如，可以建立如下的分级申请观看制度：

第一级为不设条件观看案件。这类案件一般不涉及当事人等诉讼参与人隐私，案情较为简单，但却有很大的法制教育意义。或者是社会关注程度较高、社会影响较大的案件，如薄熙来案。这类案件的直播是为了满足社会公众对于司法公开、司法监督、接近司法的需求。

第二级为申请观看案件。这类案件，如民事案件案情较复杂、涉及的利益众多、对于案件焦点争议较大或当事人人数众多等；刑事案件涉及案情细节较为血腥或让人不舒服等；行政案件涉及公民人数众多，影响恶劣等。依现行规定，案件直播选择权在法院，那么上述案件根据现有的“一案一审报、核准”制度，被批准直播的可能性很小。但是，只选择“安全”的案件进行庭审直播会导致直播案件量少、公众关注度低等问题，这都使庭审直播达不到司法公开、司法监督的制度效果。因此，若对上述案件实行依申请观看，既能解决法院对于特定案件庭审直播可能带来不好影响的顾虑，又能解决公众对于扩大案件公开程度的渴望。具体申请主体资格和申请流程可根据案件类型等的不同进行具体的规定。有些案件不宜通过互联网传播，可以要求申请者到法院的电脑上观看。但是，建立申请公开制度的前提是建立我国的庭审资料库以及庭审案件的公共查询系统。申请直播制度的建立，兼顾了司法公开的绝对性和相对性。

第三级为绝对不公开直播案件。与民事诉讼法的相关规定相契合，涉及国家秘密、个人隐私以及涉及商业秘密、离婚案件当事人申请不公开的案件属于绝对不公开审理案件，当然不能庭审直播。对于绝对不公开案件，建议也按常规进行录音、录像，其作用不是审判公开，而是作为庭审案卷资料保存。

二、规范直播范围和内容

案件内容是决定能否公开庭审直播的重要因素。现行规定对于直播的起始点和终止点，同一案件多次开庭的情况下直播是否包括全部庭审和最后宣判，质证过程、证据呈现是否完全播放，能否对直播内容进行剪辑或修改，证人、侦查人员等的肖像以及声音是否需要处理等问题都没有详细规定。另外，当事人如果同意自己的案件庭审直播，但是不同意自己的肖像在网上直播，申请对自己的肖像进行处理时，法院如何处理？是否可以为保护当事人只直播音频？诸如此类问题需要具体的实施细则予以落实。

（一）对于直播时间范围应该从起始点到终止点

据考察，部分法院的直播案件存在网上直播庭审过程不完整、图文直播形式化的问题。庭审起始点是当事人到庭、书记员宣读法庭纪律时，终止点是法官宣布庭审结束、宣判结束时，在择日宣判情况下择日宣判也应该直播。所以，原则上庭审直播的起始点、终止点应与上述时间点保持一致，完全记录庭审过程。在民事案件中很少当庭宣判，判决一般送达给当事人，这种情况下裁判文书应该通过裁判文书网公开。

（二）裁判文书应该在庭审直播过程中与其他庭审程序一并公开

我国《民事诉讼法》规定在庭审结束后，合议庭进行合议之后要进行宣判，宣判依法应该是庭审直播的一部分。将宣判纳入庭审直播的内容将会带来两点好处：第一，庭审直播有始有终，把最终案件处理结果加入直播，使法官对案件当庭作出裁判，无疑会丰富庭审的内容，公众也更能接受。第二，裁判文书的重要部分包括整合案件的案情发展、释明判决作出所依据的相关证据及确认这些证据的一系列理由，确定本案需要适用的法律条文和一定的法理分析，是否采纳当事人的辩论意见及说明其采纳与否的相关理由。当庭作出裁判，“趁热打铁”，可以避免因庭审笔录遗漏而导致重要案情被忽略等问题的发生。因此，推动裁判文书与其他庭审程序一并公开是法院解决庭审形式化的一个重要方法，也能使法院真正做到审判合一。

（三）如果同一案件存在多次开庭的情况，每一次开庭都应该直播

法院相关技术人员应该在直播回顾中把几次开庭的视频等资料放在一起，方便公众观看。

（四）对质证过程中部分证据需要特殊处理的应进行删节或处理

例如，完善对刑事案件中涉及的现场照片、尸体照片等特殊处理的规定。另外，如果庭审中的内容有造成观看者不适的可能，应该对此进行提示。

（五）如果有需要应该对证人等诉讼参加人进行保护

我国现阶段证人出庭作证率很低，原因之一就是缺乏对证人保护的规定。如果再通过庭审直播把证人信息传播出去，则愿意出庭作证的人会更少。另外，对证人等诉讼参与人出庭信息进行处理也利于扩大能够进行直播案件的范围。

对于直播案件内容，除上述几点外，还有很多需要进行详细规制的地方，出台全国统一的实施细则对于规范庭审直播制度、保障案件当事人和诉讼参与人的合法权益、反击反对庭审直播的声音具有重要的作用。

三、改革申报审核程序

庭审直播程序是否启动的决定权在于法院，这也是国际上通行的做法。

（一）我国庭审直播申报审核制度的发展以及现行一案一审核制度

在我国，最高人民法院曾经规定，通过电视、互联网等媒体对人民法院公开审理案件进行直播、录播，须经高级人民法院批准后才能进行。之后，为扩大案件范围，简化审批程序，最高人民法院进一步明确了直播案件的申报、审核制度。人民法院认为案件需要进行庭审直播、录播的，由有关审判庭按照规定的程序申报，并填写庭审直播、录播申报表，提交案件重要的诉讼文书。最高人民法院的直播、录播申报程序和申报表由最高人民法院制定，地方各级人民法院的直播、录播申报程序和申报表由各高级人民法院制定。这类直播、录播如果都由高级人民法院审核很不现实，而且也会限制和制约这项公开举措的发展。所以，最高人民法院又将网络直播的批准权下放到了各级人民法院，由本院主管副院长负责审核，必要时，报上级人民法院审核。这也就形成了我国庭审直播现行的“一案一审核”制度。

庭审直播、录播实行一案一审核制度是指，人民法院进行网络庭审直播、录播的，由审判庭向本院有关部门提出申请。有关部门审核后，报主管副院长批准。必要时，报上级人民法院审核。人民法院通过中央电视台进行庭审直播、录播的，应当经最高人民法院审核。通过省级电视台进行庭审直播、录播的，应当经高级人民法院审核。

（二）一案一审核制度的局限性及其改革

随着互联网的发展和普及，法院运用“互联网+庭审”的模式拓宽了司法公开的渠道，网络庭审直播（包括图文、音频、视频直播和录播）得以快速发展和普及。庭审直播要想最大限度地实现通过司法公开促进司法公正、增强社会公众对司法公信力的认同，就不能搞选择性直播，不能将直播的主要作用定位于展示法院形象，更不能将直播搞成一个诉讼程序表演的舞台。虽然让所有依法公开审判的案件都进行庭审直播不现实，但哪些案件应当直播，不能全由法院说了算，也要适当考虑案件当事人和社会公众的意见，对一些社会关注度高、有重大社会影响的案件应当尽可能进行庭审直播。

现行的一案一审核制度的优势是对案件的选择十分稳妥，不会给法院造成负面影响，有利于帮助法院树立良好形象。但是，其也存在着明显的缺点，一案一审核制度程序繁琐，层层责任制会削弱法院进行庭审直播的热情，而且为了求得稳妥，在没有上级法院强制性要求的情况下审判庭不会主动上报庭审直播案件，导致了我国现阶段部分法院庭审直播数量少，直播制度流于形式问题严重。

因此，建议改革一案一审核制度，把直播决定权下放到审判庭，由主管副院长决定制变为监督制，进一步提高案件公开审理的比例。为避免案件选择不当，各级法院应制定详细的直播案件选择细则，且规定每月或每周各审判庭最低直播案件数量。由此逐步放开对于直播案件数的控制，加快审判公开的进程。

四、统一庭审直播体系和模式

（一）建立四级法院庭审直播联动体系

如今，我国四级人民法院都有自己的网络庭审直播平台。经过调研发现，最高人民法院和各高级人民法院的网络司法公开平台建设得更为完善、直播效果更好。各高级人民法院都在中国法院网的体系下分别建立起了各自的省级区域法院网。这样系统的网络司法公开平台的建设对于庭审直播的常态化发展具有重要意义。

比较而言，我国的各中级人民法院和数目众多的基层人民法院的网络司法公开平台建设仍然有待发展，存在网络平台体系不统一、形式建设不规范等问题。有些地方法院以当地政府网站为依托建立网络司法公开平台，这于法院官方网站建设而言并无问题，但是于司法公开而言、于庭审直播而言，却阻断了直播直接上传、整合于上一级法院司法公开平台的通路，不利于司法资源的集中以及上级法院对于下级法院的监督、管理。

网络司法公开平台是庭审直播进行的载体。所以，应统一网络平台体系，以最高院司法公开平台为金字塔顶端，其下为各高级人民法院网络公开平台，各高级人民法院网络平台整合中级法院及基层法院的数据资源。建成四级法院统一的网络司法公开平台体系，进而使四级法院庭审直播联动起来，建立起四级法院庭审直播联动体系。这对于庭审直播制度的推广和发展具有重要的保障作用。

（二）建立规范操作流程和模式

1. 庭审直播形式

应确立“以视频直播为原则，以图文直播为例外”的庭审直播形式。在课题调查的 100 家司法公开示范法院中，85% 的法院采用的直播形式为视频直播，只有 15% 的法院采用了图文直播的形式。视频直播与图文直播各有其优势和劣势。视频具有表现真实、具体、生动、画面感强的优点，画面的动态呈现和事实记录可以使观摩者有身临其境的感受，与亲身到庭听审区别最小，最能完整展示整个庭审过程，实现庭审公开的价值功能。但是视频直播也有其固有的缺点，整个庭审完整看下来时间长，过程较枯燥，而且观看效果受播放设备、播放器版本、网络速度等技术的限制较大。视频直播是网站庭审直播采用的主要形式。图文直播较视频直播而言，对于观看设备和网络速度的要求较低，观看效果能够得到很好的保证，而且观看者可以自行决定浏览速度，控制观看的时间成本。但是，图文直播的真实性不如视频和音频播放，画面感弱，庭审现场的威严性和教育性很难通过图文直播得以体现。图文庭审直播是微博、微信庭审直播采用的主要形式。随着微博在自媒体中作用逐渐弱化，图文直播的形式也应该在庭审直播中弱化。

比较而言，视频直播更符合庭审直播司法公开和司法记录的制度追求。在存在当事人申请、庭审内容不宜完全播放等情形时允许进行图文直播，其他情形应运用视频直播形式。

2. 视频页面样态

现阶段，我国没有统一的对于庭审直播视频页面的规定，各地法院的做法也各不相同。大多数法院直播视频页面单一，只设置一个镜头，画面效果欠佳。对这一问题的解决，广州市中级人民法院的做法值得借鉴和推广。广州市中院的视频页面由法官席、公诉人席、辩护人席、被告人席、全景五个画面和一个备用窗口组成，备用窗口用来播放需要展示的证据。统一庭审直播视频页面样态十分重要，一方面有利于公众更好地对审判进行监督，另一方面有利于更好地对庭审进行视频记录。

3. 司法直播团队

无论是在法院官方网站进行视频直播还是法院利用官方微博进行图文直播，建立成熟的司法直播团队至关重要。直播的具体操作流程应由团队分工负责、具体落实。根据直播的需要可以具体分为四道工序，包括庭审录制 / 记录、视频 / 记录整理、内容审核以及官方发布。上述工作需要具备相关知识的工作人员完成，建立专业的司法直播团队对于提高庭审直播质量、效果必不可少。

第三节 完善庭审直播配套保障和监督机制

庭审制度要想取得预期的良好效果，除要完善自身制度建设、建立长效制度机制外，还要结合制度本身的特性完善配套保障机制和监督机制。各级法院应该明确庭审直播的管理机构，专门负责推进庭审直播平台的建设工作。要建立有效的协调机制，加强司法公开管理部门与审判、执行部门的沟通和配合，增强一线法官推进司法公开、积极主动地进行庭审直播的责任心和自觉性。要强化上级法院对下级法院的指导和监督考核的责任，及时总结经验，纠正工作偏差。在庭审直播的开展过程中，要务实有序，减少重复劳动，确保司法公开平台的各类信息一次录入、自动生成，既方便公众和当事人使用，又不额外增加一线法官工作负担。要将公众通过平台提出的意见和建议作为人民法院加强审判管理的重要依据，最大限度发挥司法公开平台的功能作用。

一、建立物质保障机制

对法院门户网站、其他信息公开平台、审判法庭安全检查设备、庭审直播设备等方面应该提供较大的资金、设施、技术等物质保障。网络庭审直播有其制度实现的前提，就是完善的设备、技术和专业人员的保障。而且，庭审直播的设备、人员的配备以及网站的定期维护需要资金的持续投入，否则不能保障庭审直播制度运行的持久性。建议各级法院每年在预算中把司法公开成本计算在内。

一家基层法院在配备了所有网上司法公开设备和人员等软硬件的情况下，如果想达到运行良好的效果，每年的成本高达20万元或以上。[①] 如此高额的运行成本对于经济欠发达地区的法院而言是很重的负担。据了解，甘肃部分基层法院庭审记录还是采用书记员手写的方式，对于这种条件的法院，如果强制其开通庭审直播，只会给法院带来消化不了的负担。

---

① 根据对沈阳市中级人民法院及其辖区内的皇姑区人民法院的调研。

因此，上级法院或者最高人民法院直接对经济欠发达地区法院的司法公开平台建设提供支持就显得十分的必要。另外，如上所述，司法公开平台的建设不是一朝一夕就能完成的，如果想取得很好的效果，必须进行持续投入，如何保证物质保障能够持续是一个难题，需要结合我国司法改革中的法院财政改革来解决。可见，司法改革是一个庞大的事业，关系到司法运行的方方面面，庭审直播制度的发展也被包含在内。

二、建立司法公开考核评价机制和督促检查机制

虽然笔者不赞成将庭审直播数量与法院内部对法官打分考核挂钩，强迫法官每月或每季度实现一定数量的庭审直播数量。但是，在法官还没有普遍养成司法公开自觉性的今天，这种强制性的考核评价机制的建立是非常有必要的。我国最高人民法院为进一步落实《关于司法公开的六项规定》，提高示范法院的司法公开工作水平，制定了示范标准及考评办法。考评机制可以分为法院内部对于一线法官的考评和上级法院对于下级法院的考评。内部考评结果应该与法官的评级、晋升和各项福利待遇挂钩；上级考评应该与下级法院的各项评定以及下级法院的领导干部的政绩指标挂钩。充分刺激法官对于庭审直播的积极性并保障考评机制的持续稳定，对于促进庭审直播制度的常态化发展，促进我国司法公开的深入展开具有长远、深刻的意义。

要采取督查、抽查和自查相结合的方式，强化对司法公开平台建设工作的检查评估，注重平台运行的系统性、顺畅性、有效性和安全性。上级法院对下级法院的司法公开平台要做到定期督查、抽查；法院内部对司法公开工作要定期自查。

三、建立长期、稳定的司法公开宣传机制

要扎实做好司法公开平台的宣传工作，确保人民法院深化司法公开的举措为群众知悉。要真抓实干，让司法公开平台的效果体现在实处，坚决不搞“面子工程”，以卓有成效的工作，努力维护司法公正，提升司法公信力。

人民群众对于司法并不是漠不关心的，但是存在不知从何处关注司法的问题。群众对于具体案件的关注，现阶段主要来自各地新闻和中央电视台的新闻及法制节目。司法公开平台上有大量的司法鲜活案例的庭审和裁判，但是绝大多数群众并不知晓。究其原因，是我国现今还欠缺有效的司法公开宣传机制。司法公开宣传不应只存在于法院的宣传栏里，也不应只存在于法院内部的文件中，法院应该打破“大姑娘似的扭捏”，大大方方地告诉群众到哪里可以看到庭审直播，到哪里可以看到裁判文书，如何不用再一次次跑法院就能监督案件进程，如何利用现有的司法公开平台实现司法便民，等等。可以与媒体合作或者定期走进各大社区进行法制宣传，利用多种方式建立长期、稳定的司法公开宣传机制，这对于我国司法公开平台建设和司法公开效果起着重要作用。

四、建立责任追究机制和举报投诉机制

要建立司法公开的监督和责任追究机制，对于违反司法公开相关规定，损害当事人合法权益，造成严重后果的，依照追责机制追责。建议在法院网站或诉讼服务大厅设立投诉电话、举报投诉信箱，安排专人对当事人和社会公众反映的问题进行核查。各高级人民法院应对当事人和社会

公众反映本辖区人民法院落实公开制度存在的问题进行核查和反馈。

各级人大代表和政协委员要切实履行对法院工作的监督职责，积极提出问题、意见。可以聘请人大代表或政协委员担任监督员，长期稳定地监督法院的司法公开情况，并定期向被监督法院及其上级法院反馈。这样就形成了一个外部的监督机制，避免了要求法院自己监督自己的窘境。外部监督员发现问题后应及时向主管院长和上级法院主管部门反映，并应要求法院提出整改方案和追责办法。

五、“司法—媒体”信息反馈平台的建立

目前，我国司法公开在方式上缺乏双向的信息传达和反馈，缺少对公众信息的反馈和回应。这主要体现在两个方面：一方面没有建立起公众信息反馈平台，使得民意在司法场域中的表达缺乏规则，结果也具有高度不确定性；另一方面没有“司法—媒体”信息反馈平台，在信息公开过程中忽视向媒体从业人员以及公民提供基本司法知识，使得媒体在进行新闻报道时不可避免地出现一些常识性错误。英美法系国家的接触型司法公开改革强调双向公开的理念，其中社区接触就十分注重吸收公众对法院的意见和建议。此外，司法—媒体委员会的平台在增加新闻从业人员的法律知识储备的同时，还接纳媒体的各种反馈。

我国现有网络庭审直播制度体系仅是一种单向输出的体系，缺乏对公众信息反馈项的设置，公民对于司法的参与度较低，这既影响了庭审公开的效果，也影响了公众参与司法的积极性。

第四节　我国法院电子记录公共访问系统的建立——将庭审记录方式改革与庭审直播制度相结合

一、庭审直播制度与庭审记录方式改革的相互促进

（一）我国庭审记录方式改革的必要性

长期以来，庭审记录方式被视为一项无关司法宏指的、单纯的司法技术操作手段，其改革一直游离于我们视野之外。然而，庭审记录方式直接关系到司法过程的民主性和公开性、当事人权利保护的充分性，以及司法的社会公信力，是法院司法改革中一项不可或缺的重要内容。庭审记录方式改革应当引起充分关注和重视。

当下，我国的庭审记录方式主要采用笔录形式，但是法律对庭审笔录的规定非常概括。以《民事诉讼法》为例，其第147条规定："书记员应当将法庭审理的全部活动记入笔录，由审判人员和书记员签名。法庭笔录应当当庭宣读，也可以告知当事人和其他诉讼参与人当庭或者在五日内阅读。当事人和其他诉讼参与人认为对自己的陈述记录有遗漏或者差错的，有权申请补正。如果不予补正，应当将申请记录在案。法庭笔录由当事人和其他诉讼参与人签名或者盖章。拒绝签名盖章的，记明情况附卷。"至于以何种方式记录法庭审理的活动，法律没有作出明确规定。实践中，多数法院采取电脑记录和速录机速录方式。但是，在有些条件较落后的地区和部分地区的基层法院，传统的以人工手写方式记录的情况还很常见。

（二）庭审视频为法庭记录的重要方式

为了进一步改革和完善庭审记录方式，最高人民法院出台的《人民法院第三个五年改革纲要（2009—2013）》明确提出“研究制定关于改革庭审活动记录方式的实施意见”的改革任务。2010年8月，最高人民法院制定并颁布了《关于庭审活动录音录像的若干规定》，规定法院开庭审理案件时应当对庭审活动进行全程同步录音或者录像。采取同步录音录像的方式对庭审活动内容进行固化，不仅改变了传统的庭审记录方式，有利于提高庭审记录质量和水平，而且进一步规范了法官庭审行为，加强了对庭审活动的管理和监督。采用全程录音、录像方式记录庭审，能保证庭审记录的真实性，使其可复制、可再现，既满足了当事人的需求，还让书记员从繁重的工作中解放出来，确保庭审活动高效进行。因此，庭审录音录像带来的不仅仅是庭审记录这一单纯的技术操作方式的变革，更重要的是，它进一步增强了司法透明度，增进了社会对司法的信任感。

（三）庭审直播制度与庭审记录方式改革的相互良性发展

庭审视频成为法庭记录方式之一是庭审直播制度开展的基础，只有对庭审实现视频记录才有可能对庭审进行直播。反之，庭审直播能够推进实现庭审视频记录，上级法院对于庭审直播的倡导和要求能够推进下级法院对于庭审记录方式改革的决心。两者是相互联系、相互促进的关系。庭审直播制度的理论基础之一就是实现司法公开，满足公众的知情权和监督权，进而实现司法公正。庭审记录方式改革实现庭审视频、音频的电子记录，其理论依据就是庭审记录正规化、全面化，充分保证庭审的客观公正，保障当事人的诉权。因此电子录像既可以规范司法行为，又可以促进司法公正。

庭审的视频记录与庭审直播制度都要求对案件庭审实行全程的录音、录像，需要的设备、人员具有同一性，两者在技术上可以同步实现。庭审直播制度从2007年开始在全国各地逐渐开展，为2011年之后庭审视频记录在全国的快速普及、实现提供了物质基础和保障，也让各地法院对于接受庭审记录方式改革有了一定的心理准备。当庭审记录方式改革全面普及，所有法院实现“有案必录”时，就能够为庭审直播提供一个庞大的案件资料库。这有利于新形势下审判公开的扩大，在明确绝对不公开审理案件类型后，对于其他案件一律公开或限制公开就有了可能。

二、以现有庭审直播平台为基础建立法院庭审视频资料库

在全球信息网络化的背景下，信息化和司法公开是大趋势，世界各国的司法审判机关都在积极推进。如美国，其审判流程信息公开平台称为PACER系统，即法院电子记录公共访问系统，数据库中包含了各类案件的相关信息，包括立案登记情况、判决情况以及部分法院的庭审数字录音等。目前，绝大多数的裁判文书和相关诉讼材料可通过法院电子记录公共访问系统或法院官方网站查询。再如英国，目前已广泛使用案件管理系统对案件进行跟踪，当事人也可以通过访问法院网站获取案件相关信息和诉讼指南，从网上提交诉讼材料进行立案，缴纳诉讼费用，以电子方式进行应诉，等等。

我国最高人民法院为了推进司法公开也建立起了四大司法公开平台，着重对审判、执行和诉讼流程进行公开，各高级人民法院也都建立了各自

的司法公开平台。对于庭审直播，我国已经初步形成了从高级人民法院能够查询观看到其下级法院的庭审直播视频的体系，此体系中含括了大量的庭审直播视频资料，已经形成了我国的庭审视频资料库。例如，河南省高级人民法院的网络庭审直播平台上，2009 年 10 月至 2014 年 12 月 31 日，全省三级法院庭审网络视频直播各类案件达 91865 件。[①] 但是，现在的庭审直播网络平台没有对案件类型、直播时间、具体案件编号等信息进行详细具体的分类、录入和总结，使得公众很难对具体案件进行查询，导致庭审视频的观看针对性差。我国大部分法院对于现有庭审直播平台上大量的庭审视频资料的管理还很粗放，没有有效地利用如此重要的司法资源。庭审视频资料不仅可以用于审判公开，还是重要的庭审记录案件材料以及证据材料。由此，利用我国现有的庭审直播平台上的案件资料建立我国的法院庭审视频资料库，既可以利用现有资源实现司法经济，又可以利用资料库的建设反向推进庭审直播的进一步发展。

三、建立我国法院电子记录公共访问系统

（一）建立我国法院电子记录公共访问系统的必要性

上述资料库的建立一方面有利于法院内部对于案件材料的归类、保存和管理；另一方面也有利于公众对于具体案件资料的查询，通过法院电子记录公共访问系统实现对司法的监督，达到司法公开的效果。法院建立案件资料库，开放提供公共访问查询服务，就是大大方方敞开大门接受监

① 徐哲、金少良等：《使庭审网络直播成为看得见的公正——河南高院关于庭审网络视频直播工作的调研报告》，载《人民法院报》2015 年 4 月 9 日。

督、进行司法公开的表现。我国现阶段的审判公开主要通过允许公众旁听审判和庭审直播来实现，但是两者都存在局限性。旁听审判的局限性主要表现在空间、时间受限制，法庭秩序不好保障以及普法效果不理想等方面。庭审直播，特别是网络庭审直播虽然能够克服旁听存在的局限性，但也存在其自身的问题需要克服，主要表现在法院对于案件选择过于拘谨，直播案件过少，庭审直播形式化问题严重，无法满足公众对于司法公开的渴望和需求这几个方面。

（二）建立我国法院电子记录公共访问系统的设想

如果在现有庭审直播平台的基础上建立我国的法院庭审视频资料库，把所有案件视听资料放到资料库中，将案件资料按照法律规定详细划分为法定绝对不公开、申请不公开、当事人要求不公开和公开等几个访问级别，向公众开放访问，那么，对于我国现有的司法公开将会是一个有益的探索和突破。

法定绝对不公开是指《民事诉讼法》规定的涉及国家秘密、个人隐私的案件；申请不公开是指《民事诉讼法》规定的涉及离婚、商业秘密的案件；当事人要求不公开是指当事人有理由不愿在网上公开涉及自己的案件，对于这类案件可以要求想观看直播的公众进行申请，在网上提交申请书，经案件当事人和法院的同意可以有限直播。

建立我国法院电子记录公共访问系统，突破了我国对于案件和内容拥有选择权的主体范围，法院不再是唯一主体，当事人对于公开案件和内容也有了选择权。这符合我国民事诉讼法的逐步弱化法院职权、尊重当事人诉权和公众知情权的改革方向。

主要参考文献

一、著作类

1. 李修源著:《司法公正理念及其现代化》，人民法院出版社 2002 年版。

2. ［日］谷口安平著:《程序的正义与诉讼（增补本）》，王亚新、刘荣军译，中国政法大学出版社 2002 年版。

3. 陈瑞华著:《看得见的正义》，北京大学出版社 2013 年版。

4. 陈盛清著:《外国法制史》，北京大学出版社 1982 年版。

5. 卞建林、焦洪昌著:《传媒与司法》，人民法院出版社 2004 年版。

6. 余叔通等译:《法国刑事诉讼法典》，中国政法大学出版社 1997 年版。

7. 徐阳著:《权力规范与权力技术——刑事诉讼中国家权力配置问题研究》，法律出版社 2010 年版。

8. 张军、江必新主编:《新刑事诉讼法及司法解释适用解答》，人民法院出版社 2013 年版。

9. 高一飞著:《媒体与司法关系研究》，中国人民大学出版社 2010 年版。

10. ［美］玛裘莉·柯恩、大卫·道著:《法庭上的摄影机》，曾文亮、高忠义译，商周出版社 2002 年版。

11. ［英］萨利·斯皮尔伯利著:《媒体法》，周文译，武汉大学出版社 2006 年版。

12. 奥平康弘『ジャーナリズムと法』，東京新世社（1997 年）。

13. 陈光中主编:《刑事诉讼法》，北京大学出版社、高等教育出版社 2012 年版。

二、论文类

1. 刘小鹏:《庭审网络直播与当事人隐私权保护的冲突和平衡》，载《法律科学（西北政法大学学报）》2015 年第 3 期。

2. 高一飞:《从录播到微博直播——兼谈薄熙来案庭审直播的意义》，载《新闻与法律》2013 年第 10 期。

3. 王利明:《隐私权概念的再界定》，载《法学家》2012 年第 1 期。

4. 高一飞、祝继萍:《英国微博庭审直播的兴起》，载《新闻与传播研究》2012 年第 6 期。

5. 王燃:《美国庭审直播制度》，载《国家检察官学院学报》2015 年第 2 期。

6. 高一飞:《庭审直播的根据与规则》，载《南京师范大学学报（社会科学版）》2007 年第 3 期。

7. 陈新民:《新闻自由与司法独立——一个比较法制上的观察与分析》，载《台大法学论丛》第 29 卷第 3 期（2000 年 4 月）。

8. 唐炳洪、王艳:《论审判公开与庭审直播》，载《当代法学》2001 年第6期。

9. 魏晓阳:《日本庭审报道的取材自由及其法律边界》,载《国际新闻界》2012年第3期。

10. 冯红菊:《国际刑事法院被害人保障机制及其借鉴》,载《昆明理工大学学报·社科(法学版)》2008年第1期。

11. 高一飞、祝继萍:《自媒体庭审直播的规则》,载《电子政务》2014年第6期。

12. 何家弘、王燃:《法院庭审直播的实证研究》,载《法律科学(西北政法大学学报)》2015年第3期。

13. 叶舟:《律师微博直播庭审的正当性——以"黎庆红"案为例》,《宜春学院学报》2013年第5期。

14. 王伟亮:《审判公开的新进展与新闻记者的采访权——以新旧规定的比较为视角》,载《新闻记者》2007年第9期。

15. 冯姣:《禁止庭审微博直播与审判公开关系之探析》,载《法治研究》2013年第8期。

16. 韩旭:《法庭内的正义如何实现——最高人民法院刑事诉讼司法解释中法庭纪律及相关规定》,载《法学》2013年第6期。

17. 徐哲、金少良等:《使庭审网络直播成为看得见的公正——河南高院关于庭审网络视频直播工作的调研报告》,载《人民法院报》2015年4月9日。

18. 甘正培:《广州现场直播庭审》,载《政府法制》1996年第5期。

19. 周强:《把中国法院网建设成为一流网站》,中华人民共和国最高人民法院网,2014年6月6日,访问日期2015年10月14日。

20.《庭审首次网上直播》,载《京华时报》2004年8月3日,第A07版。

21. 康学良、王剑平、邱岳巍:《番禺特大劫钞案审判直播记》，载《新闻知识》1996 年第 8 期。

22. 林景玲、曲善邦:《法制类电视节目小议》，载《新闻传播》2001 年第 3 期。

23. 吴华兵:《北京市高级法院敲响视频直播案件第一槌》，载《法庭内外》2014 年第 7 期。

24. 杨林、李赫:《我国法院网络直播庭审现状及改进策略研究》，载《传媒论坛》2018 年第 12 期。

25.Alex Kozinski & Robert Johndon, "Of Cameras and Courtrooms", *Fordham Intellectual Property, Media & Entertainment Law Journal,* Vol. 20, Issue 4 (Summer 2010).

26.Gregory M. Silverman, "Rise of the Machines: Justice Information Systems and the Question of Public Access to Court Records over the Internet", *Washington Law Review*, Vol.79, No.1, February 2004：208.

27. "Sheridan sentencing is Scottish courts Twitter finst", http://www.bbc.co.uk/news/uk–scotland–glasgow–west–12284396, 访问日期 2015 年 11 月 14 日。

28. Christina Locke Faubel, "Cameras in the Courtroom 2.0: How Technology Is Changing the Journalists Cover the Courts", *Reynolds Courts and Media Law Journal*, Vol.3, Issue 1 (Fall 2013/Winter 2014).

图书在版编目（CIP）数据

网络庭审直播问题研究 / 张悦著 . —北京：中国法制出版社，2019. 3
ISBN 978-7-5216-0011-7

Ⅰ. ①网… Ⅱ. ①张… Ⅲ. ①传播媒介—应用—法院—审判—研究—中国 Ⅳ. ① D926. 2

中国版本图书馆 CIP 数据核字（2019）第 021702 号

策划编辑 舒 丹 责任编辑 靳晓婷 封面设计 李 宁

网络庭审直播问题研究

WANGLUO TINGSHEN ZHIBO WENTI YANJIU

著者 / 张 悦

经销 / 新华书店

印刷 / 三河市紫恒印装有限公司

开本 / 787 毫米 ×960 毫米 16 开 印张 / 14.00 字数 / 165 千

版次 / 2019 年 3 月第 1 版 2019 年 3 月第 1 次印刷

中国法制出版社出版

书号 ISBN 978-7-5216-0011-7 定价：46.00 元

北京西单横二条 2 号

邮政编码：100031 传真：010-66031119

网址：http://www. zgfzs. com **编辑部电话：010-66034242**

市场营销部电话：010-66033393 **邮购部电话：010-66033288**

（如有印装质量问题，请与本社印务部联系调换。电话：010-66032926）

中国法学会优秀课题成果文库

ZHONG GUO FA XUE HUI YOU XIU KE TI CHENG GUO WEN KU

· 2016 ·

刑事诉讼法修改后的司法解释研究　王敏远等 著

农村土地股权制改革：现实表达与法律应对　刘云生 著

技术侦查制度中的隐私权保障问题研究　胡忠惠等 著

社会保险基金信托法研究　黎建飞 主编

继承法修订入典之重点问题　杨立新 主编

证券欺诈规制的实证研究　邢会强 著

审判人员职能配置与分类管理研究　江必新 主编

中国特色社会主义法治发展道路　李林 主编

强化虚拟社会管理与健全网络立法研究　常健等 著

· 2017 ·

食品安全风险交流的法律制度研究　孙颖 著

财政责任视野下的地方政府债务治理研究　王婷婷 著

减刑、假释案件审理程序规范化研究　茅仲华等 著

中国反腐败立法研究　刘艳红等 著

新刑事诉讼法实施问题研究　卞建林 陈卫东等 著

非法经营罪适用问题研究　王安异 著

《政府信息公开条例》评估报告　叶必丰等 著

审判中心与刑事诉讼　胡铭 著

新民事诉讼法实施状况评估与对策建议　唐力等 著

· 2018 ·

法治解决道德领域突出问题的作用研究　胡玉鸿等 著

《联合国海洋法公约》与南海争端的解决　曲波 梁赟 著

网络庭审直播问题研究　张悦 著

刑满释放人员重新犯罪影响因素检验与预防对策实证研究　李光勇 著